Ingmar Bergman, 1918 als Sohn eines Pastors in Uppsala geboren, studierte Literaturgeschichte und Theaterwissenschaften in Stockholm. Anschließend war er u. a. als Drehbuchautor bei der staatlichen Svensk Filmindustri tätig. Seine ersten künstlerischen Erfolge hatte Bergman als Direktor des Stadttheaters Helsingborg und als Regisseur am Stadttheater von Göteborg und Malmö. Seit 1940 dreht er auch Filme, von denen »Das Schweigen« (1963), »Schreie und Flüstern« (1973), »Szenen einer Ehe« (1974) und »Herbstsonate« (1978) besonderes Aufsehen erregten und weltweite Beachtung fanden. Die Kinoversion von »Fanny und Alexander« wurde 1984 mit 4 Oscars, u. a. als bester ausländischer Film, ausgezeichnet.

Vollständige Taschenbuchausgabe
Droemersche Verlagsanstalt Th. Knaur Nachf. München
Lizenzausgabe mit freundlicher Genehmigung des
Carl Hanser Verlags, München/Wien

Titel der Originalausgabe »Fanny och Alexander«
P.A. Norstedt & Söners Förlag, Stockholm 1982

Aus dem Schwedischen von Hans-Joachim Maass
Umschlaggestaltung Wolfgang Lauter
Umschlagfoto mit freundlicher Genehmigung
der Tobis-Film, Berlin
Druck und Bindung Ebner Ulm
Printed in Germany · 1 · 12 · 385
ISBN 3-426-01206-5

1. Auflage

# Ingmar Bergman:
# Fanny und Alexander

Roman in sieben Bildern

Knaur®

ISBN 3-426-01206-5 780

Inhalt

## Die Personen

Frau Helena Ekdahl, geborene Mandelbaum, Witwe, ehemalige Schauspielerin

Gustav Adolf Ekdahl, ihr ältester Sohn, Wirt der Theaterrestauration
Alma Ekdahl, seine Frau

| | |
|---|---|
| Petra, 19 Jahre<br>Jenny, 8 Jahre | ihre Kinder |

Oscar Ekdahl, ihr zweiter Sohn, Theaterdirektor
Emilie Ekdahl, seine Ehefrau, Schauspielerin

| | |
|---|---|
| Amanda, 12 Jahre<br>Alexander, 10 Jahre<br>Fanny, 9 Jahre | ihre Kinder |

Carl Ekdahl, Professor, ihr jüngster Sohn
Lydia Ekdahl, seine Ehefrau, gebürtige Deutsche

Eva, 7 Jahre, ein Nachbarmädchen

Fräulein Vega, Köchin bei Frau Helena
Fräulein Ester, Dienstmädchen bei Frau Helena
Alida und Lisen, Köchinnen
Siri und Berta, Dienstmädchen

Maj, ein hinkendes Kindermädchen bei Emilie und Oscar

Isak Jacobi, Jude, Geschäftsmann

| | |
|---|---|
| Asiriel, ca. 20 Jahre<br>Ismael, ca. 16 Jahre | die Neffen des Juden |

Im Theater

Herr Filip Landahl, 73 Jahre, Regisseur und Schauspieler (père noble)
Fräulein Hanna Schwartz, die Naive des Theaters
Herr Mikael Bergman, jung, vielversprechend, spielt den Hamlet
Herr Morsing, der König in Hamlet
Tomas Graal, spielt den Herzog in Hamlet
John Armfeldt, spielt den Malvolio
Grete Holm, spielt die Maria
Herr Salenius, spielt den Tobis Raab
Frau Sinclair, asthmatisch, sitzt in der Kartenverkaufsstelle
Die Souffleuse
Der Verwaltungschef
Frau Palmgren, Bürosklavin
Der Requisiteur

Herr Fürstenberg, Hausarzt
Der Oberst
Der Universitätsrektor

Bischof Edvard Vergerus
Henrietta Vergerus, Schwester des Bischofs
Frau Blenda Vergerus
Ellen Bergius, Tante des Bischofs
Malla Tander, Köchin, hat Ähnlichkeit mit einer Ratte

Karna, Selma, Justina – Dienstmägde

Faktotum
Versoffener Kutscher

Pauline, 12 Jahre; Esmeralda, 10 Jahr – Gespenster

Ein alter Pfarrer
Ein Polizeikommissar
Ein bestochener Priester

## Prolog

### 1

Die Stadt durchfließt ein ziemlich reißender Fluß mit mehreren kleinen Stromschnellen und Wasserfällen. Auf einer steilen Anhöhe erhebt sich das Schloß, ein ansehnlicher, mittelalterlicher Ziegelhaufen – dort regiert der Landeshauptmann. Inmitten der unansehnlichen und eintönigen Bebauung steht der Dom, das Monument der Frömmigkeit einer anderen Zeit – dort hält der Bischof seine donnernden Predigten. Die Stadt rühmt sich einer traditionsbeladenen Universität sowie eines Theaters, in dem an jedem Tag der Woche gespielt wird. Ferner leistet man sich ein vor kurzem errichtetes Stadthotel, das eher protzig als stattlich wirkt, zwei kleine eifrige Pferdestraßenbahnen, welche die Stadt in verschiedenen Richtungen durchbohren, einen ziemlich anspruchslosen Bahnhof, einen Stadtteil, in Stein gebaut, für die Besitzenden und die Professoren, sowie einen etwas heruntergekommenen, verfallenen Stadtteil für die kleinen Handwerker, die Studenten und die Tagelöhner. Auf dem Fluß wird bescheidene Schiffahrt betrieben, während die Industrie der Stadt nur aus ein paar ansehnlichen Mühlenbetrieben besteht, in denen die Ernte der fruchtbaren Ebene gemahlen wird. Außerdem gibt es eine duftende Lederveredelung mit dazugehöriger Schuhfabrikation. Ein üppig grünender Park und ein berühmter botanischer Garten vervollständigen das Bild eines anspruchslosen Wohlstandes, eines festgefügten Selbstgefühls und einer etwas schlaftrunkenen kulturellen und wissenschaftlichen Aktivität. Es ist eine geschlossene Welt, die sich um die Stürme und die drohenden Vorboten schlechter Zeiten nicht sonderlich bekümmert. Die neuen Gedanken und die umwälzenden Ideen werden in zugigen und nach Brennspiritus duftenden Studentenbuden gewälzt. Der Rest macht sich keine Gedanken darüber, was in der Welt draußen vorgeht. Das Lokalblatt bewacht Sicherheit und Ordnung, und man hält es für seine selbstverständliche Pflicht und Schuldigkeit, die sechstausend treuen Abonnenten nicht zu beunruhigen.

Das Leben der Stadt folgt einem bestimmten Rhythmus. Die Studenten ziehen Anfang September lärmend in die Hörsäle, Studentenbuden, Restaurants und Imbißbuden der Stadt ein. Das Theater beginnt mit der Herbstsaison, und das akademische Orchester stimmt seine Instrumente; der Studentenchor schmiert die Kehlen mit Erbsensuppe und warmem Punsch, die Schulkinder traben frühmorgens in den diesigen Morgenstunden durch die nassen, mit Laub bedeckten Straßen, die Professoren besteigen ihre Katheder, und das höchst respektable Bordell der Stadt erhält wiederum Besuch von den Offizieren der nahe gelegenen Garnison. Dann kommt der Winter. Im November fällt der erste Schnee, es bläst kalt aus Norden, die betagten Witwen der Stadt erkälten sich und sterben an Lungenentzündung. Sonntags läuten die Begräbnisglocken unter dem eisengrauen Himmel. Die noch am Vortag betrunkenen Studenten kriechen wie winterlich träge Käfer durch die Schneewehen zu dem ersten Schnaps des Tages und den warmen Kohleöfen ihrer Restaurants, ein paar Schlitten fahren mit falschem Glokkengeklingel durch die Straßen. Die Stromschnellen brausen dumpf, das schwarze, wirbelnde Wasser bewegt sich unruhig zwischen den Eiskanten, es ist die Zeit für Selbstmörder. Im Theater spielt man die großen Tragödien, und der Rauch der Kachelöfen und der offenen Kamine liegt wie Dunst über den Dächern mit ihrer Schneelast. Plötzlich, eines Tages, ist Frühling, er steht ganz plötzlich in seine Kühle und sein weites Licht gehüllt da, unüberwindlich. Die Stadt lebt in einem Rausch. Man legt Prüfungen ab, disputiert, doktoriert, ein Ball löst den anderen ab, eine unendliche Reihe wirbelnder, rauschender Feste. Die Pfandleiher bekommen viel zu tun. Die Wintermäntel werden zur Verwahrung abgegeben, die Fracks werden ausgelöst. Die kleinen, alten Tanten, die den Winter überlebt haben, pusseln auf dem Friedhof oder im Park herum, es ist Zeit für Hochzeiten und grenzenlose Hoffnungen. Die Gärten der Stadt erblühen üppig und stehen in voller Blüte, der Flieder schlägt aus, die Studentinnen tragen leichte Kleider, die Bläser der Garnison geben fast jeden Abend ein Konzert, und im Theater spielt man die unvermeidliche englische Komödie.

Dann, eines Tages, ist die Stadt eingeschlafen; es ist vollkommen still, sogar die kleinen Stromschnellen brausen mit einem verhaltenen, leisen Raunen. Die Tage sind lang, die Abende still. Die Studenten haben Sommerferien, die reichen Leute haben die Fenster mit Laken verhängt und die Möbel mit Tüchern bedeckt, die Kristallleuchter in Tüll gehüllt und die echten Teppiche zusammengerollt. Man ist zu den Ferienhäusern am Meer abgereist. Die weniger Wohlhabenden sind zu ihren kleinen Gartenstellen auf der Ebene hinausgezogen, oder zu reichen Verwandten auf die großen Höfe. Die große Kirchturmuhr mißt Viertelstunden und Stunden, das Sonnenlicht brennt in die leeren Straßen. Auf den weißen Parkbänken der Esplanade sitzen die Übriggebliebenen, die Einsamen. Die Stadt schläft, unbeweglich ausgestreckt in der weißen, über der Ebene liegenden Hitze.

Dies ist der Rhythmus der Stadt, so holt sie Luft, und die meisten, die in ihr wohnen, finden, daß es eine gute Stadt ist, die beste, die man sich vorstellen kann, man macht sich wegen der Zukunft keine Sorgen, hat keinen

Anlaß, sich der Vergangenheit zu schämen. Man ist allgemein der Meinung, daß die Behörden mit Weisheit regieren. Der König des Reiches wacht über die Beschlüsse der Behörden sowie über die Sicherheit der Bewohner. Gott schließlich hält seine Hand über den König, und der Walzer aus der Lustigen Witwe wird in fast jeder Familie, die ein Klavier oder ein Tafelklavier ihr eigen nennt, vierhändig gespielt.

## 2

Das Theater wurde zu Beginn des neunzehnten Jahrhunderts errichtet und ist nun bald hundert Jahre alt. Einige reiche Bürger, die für Waldspaziergänge, kalte Bäder und Kultur schwärmten, schlossen sich zusammen und stifteten den Tempel. Glanz und Verfall lösten einander ab. Anfang der sechziger Jahre des neunzehnten Jahrhunderts wurde das Theater von einem vermögenden Geschäftsmann erworben, Oscar Ekdahl, der sich gerade mit einer bekannten jungen Schauspielerin aus der Hauptstadt verheiratet hatte. Er war ein kluger und weitsichtiger Mann und ließ seine Frau die Verwaltung des Theaters übernehmen, unter der Bedingung, daß sie selbst nicht mehr auftrat. In der Ehe wurde ein Sohn geboren, der ebenfalls den Namen Oscar erhielt. Im Gegensatz zu seiner Mutter wurde er ein ziemlich mittelmäßiger Schauspieler. Als er 1889 eine Theaterschülerin heiratete, zog die Mutter sich zurück und überließ die Arbeit dem jungen Paar.

Die junge Frau avancierte rasch in ihrem Beruf und wurde innerhalb weniger Jahre eine berühmte Aktrice. Der Mann kümmerte sich um die Verwaltung des Theaters, wobei er Geschick und Umsicht bewies. Man engagierte ein kleines, aber tüchtiges Ensemble. Das Theater blühte und wurde sogar in der Hauptstadt zur Kenntnis genommen. Oscar und Emilie genossen ein anspruchsloses Glück, ihr einziger Kummer war, daß die Ehe mehr als zehn Jahre lang kinderlos blieb.

Dann wurden in rascher Folge drei Kinder geboren: Amanda, Alexander und Fanny. Darüber und über anderes wird später zu berichten sein.

Um die Zeit der nachstehend geschilderten Begebenheiten ist das Theater gepflegt, aber recht altmodisch. Man hat auf der Bühne zwar elektrische Beleuchtung eingeführt, ebenso im Zuschauerraum, aber das ist auch alles. Neumodische Dinge wie Scheinwerfer, Parambole und Widerstandsregler sind unbekannte Hilfsmittel. Man begnügt sich mit den alten Rampen: Bodenrampe, Deckenrampe, Seitenrampen, die mit schläfrigen kleinen Glühlampen in verschiedenen Farben ausgestattet sind. Der Bühnenboden besteht noch immer aus breiten Bohlen mit Astlöchern und fällt von der Brandmauer zum Souffleurkasten hin ziemlich steil ab. Auf dem dunklen Schnürboden hängen uralte Wälder, stürmische Meere, niedrige Bauernhäuschen, ansehnliche Festsäle sowie der eine oder andere angsteinjagende Drache, den auf den Müll zu werfen man nicht das Herz hatte. Die Garderoben der Schauspieler liegen auf zwei Ebenen neben der Bühne: die der Damen rechts, die der Herren links. Das Büro des Direktors sowie die Kanzlei liegen in drei kleinen Zimmern zusammengedrängt gleich neben dem Bühneneingang. Oscar Ekdahl zieht es vor, Gäste in seiner privaten Garderobe zu empfangen, der einzigen mit fließendem Wasser, die auch verhältnismäßig bequem eingerichtet ist. Unter dem abschüssigen Bühnenboden befinden sich zwei Keller, die übereinanderliegen. Dort modern die uralte, aber schon längst ausrangierte Holzmaschinerie des Theaters für Kulissenwechsel, Falltüren und andere geheimnisvolle Zwecke vor sich hin. In dem oberen Keller werden die Requisiten des Theaters auf endlos langen Regalen aufbewahrt. Der Möbelvorrat hingegen befindet sich in dem unteren Keller. Alle Transporte werden mit einem seltsamen alten Fahrstuhl bewältigt, der mit Handkraft betrieben wird. In einer Ecke des unteren Kellers befindet sich eine schwere Eisenluke, unter der ein schwarzes, wirbelndes Wasser dahinströmt, das bodenlos zu sein scheint. Mit diesem Wasser und dieser Luke ist ein entsetzliches Verbrechen verbunden, möglicherweise auch ein Gespenst. In der Brandmauer befinden sich zwei hohe, schmale Fenster; manchmal, am Nachmittag nach dem Ende der Proben, öffnet der Maschinenmeister die Luken. Das Sonnenlicht dringt in langen, schmalen, scharf abgegrenzten Strahlenbündeln herein, der feine Bühnenstaub wirbelt in der Zugluft auf. Da die Rückseite des Theaters an einen Hof mit ein paar grünen Bäumen angrenzt, ist es sehr still. Gelegentlich geschieht es, daß ein Vogel sich in den dunklen Bühnenraum verirrt. Er fliegt mit einem erschreckten Flattern und unablässigem Pfeifen gegen die durchbrochenen Bodenbretter des Schnürbodens und die geschwärzten Deckenbalken. Wenn der Vogel verstummt, wird die Stille zur Magie: dann hört man seit langem verstummte Stimmen, sieht die Umrisse wesenloser Schatten, die Abdrücke unermeßlicher Leidenschaften.

Die von den Schwertklingen des Sonnenlichts durchkreuzte staubige Luft wird dick von den Stimmen und erstarrten Bewegungen.

Der Vorhang ist aus gewebtem Stoff; er besteht aus gewaltig drapierten Stoffen, die mit Bändern übernäht und mit goldenen Quasten versehen sind. Die Rückseite ist grau und gepflegt, durchkreuzt von schmalen Holzbändern. In Augenhöhe befindet sich ein Guckloch, damit die Schauspieler, die selbst ungesehen bleiben, ihr künftiges Publikum betrachten und zählen können. Links hat der Regisseur sein kleines Kabuff mit Klingelglocken und Sprechrohr sowie zwei Zugleinen. Mit der einen wird das Geheul des Windes ausgelöst, mit der anderen das Donnern des Gewitters. Über dem Bühnenraum liegt ein nicht zu vertreibender Geruch aus Staub, rauchenden Kohleöfen und toten Ratten.

Der Zuschauerraum ist hufeisenförmig und intim. Er hat ein Parkett mit sechzehn bogenförmigen Stuhlreihen, die mit abgewetztem roten Samt bezogen sind, sowie zwei weich geschwungene Ränge und eine Galerie. Der erste Rang ist in Logen mit je sechs Stühlen unterteilt, wobei jede Loge einen eigenen Eingang hat. Der zweite Raum hat schmale, mit rotem Stoff bezogene Sitzbänke. Auf der Galerie gibt es nur Stehplätze, aber dort kostet der Theaterbesuch auch nur fünfundzwanzig Öre, und man darf auch gern einen Stuhl mitbringen, wenn man dazu Lust hat. Rechts und links von der Bühne öffnen sich zwei geräumige und elegante Logen. Die eine ist für die Theaterdirektion reserviert, und die andere für den Landeshauptmann und den Bürgermeister oder den König, falls der auf den Gedanken kommen sollte, das Theater dieser Stadt zu besuchen, was bislang jedenfalls noch nie geschehen ist.

Die Decke ist von einem berühmten Sohn der Stadt bemalt. Man hält diese Malereien für äußerst wertvoll, aber sie sind im Laufe der Zeit stark nachgedunkelt. Sie stellen die griechische Götterwelt dar, die sich zwischen den Wolken tummelt und einer jungen Thalia huldigt, die Helena Mandelbaums weiche und ebenmäßige Züge trägt. Dies ist die Huldigung Oscars, des ersten Ekdahl, an seine Ehefrau. Sie hat ihn mehrere tausend Taler gekostet, worauf er oft und voller Stolz hingewiesen hat. Um diese göttliche Szenerie herum hängen sechs Kristallleuchter, die dem Theaterraum einen weichen und verschönenden Schimmer verleihen. Der Unterschied zwischen Bühne und Zuschauerraum ist offenkundig. Hier draußen ist alles sehr gepflegt, saubergehalten, aufgeräumt und glänzend. Dort drinnen ist es schmutzig, staubig und ein wenig verfallen.

Man hat auch für das leibliche Wohl der Theaterbesucher gesorgt. In Höhe der ersten Reihe liegt mit Aussicht auf den Marktplatz die Restauration des Theaters, die von dem älteren Bruder Oscars betrieben wird: Gustav Adolf Ekdahl. Hier ist alles so appetitlich angerichtet, die Getränke so wohltemperiert und die dienstbaren Geister so wohlwollend, daß der eine oder andere Theaterbesucher die kulinarische Erbauung Gustav Adolfs der mehr geistigen des Bruders vorzieht. Manchmal herrscht hier so große Munterkeit, daß man einen Schauspielschüler als Eilboten hinüberschicken muß, um eine etwas gedämpftere Freude zu erbitten, damit irgendein größerer Monolog oder eine ergreifende Szene nicht ernsthaft gestört wird. Im übrigen ist das Verhältnis der beiden Brüder zueinander außerordentlich liebevoll.

Zum Schluß ein Wort über das Publikum: Das Theater spielt jeden Abend, und das acht Monate lang (Heiligabend, Karfreitag und Ostern bleibt es geschlossen). Alle vier Wochen hat man eine Premiere, und grundsätzlich kommen immer dieselben Menschen wieder, um sich das neueste Programm anzusehen. Es ist ein treues, wenn auch etwas konservatives Publikum. Oscar Ekdahl hütet sich vor Experimenten. Strindberg und Ibsen werden mit größtem Mißtrauen betrachtet und daher selten gespielt.

## 3

Als Oscar, der erste Ekdahl, Helena Mandelbaum heiratete, kaufte er nicht nur das Theater der Stadt, sondern auch ein prachtvolles Steinhaus auf der anderen Seite des

Marktplatzes. Die Familie bezog das oberste Stockwerk, das mit jeder nur erdenklichen Bequemlichkeit und allem Komfort eingerichtet wurde. Es wurde ein gastfreies Haus geführt, und Frau Helena war eine umschwärmte und bewunderte Gastgeberin. Als Oscar der erste starb, schlug die Witwe vor, man sollte die Wohnung in zwei Hälften aufteilen. Dies geschah dann so, daß mitten in dem geräumigen Eßzimmer eine Wand hochgemauert wurde. In dieser Wand befand sich eine fast unsichtbare Tapetentür, die auf der einen Seite von einem hoch aufragenden Kachelofen, auf der anderen Seite von einer breitbäuchigen Anrichte verdeckt wurde. Von den erwachsenen Familienmitgliedern wurde diese Tür niemals benutzt.

Oscar, der zweite Ekdahl, und seine schöne Ehefrau Emilie bezogen den sonnigeren Teil der Wohnung, die auf den Stadtpark mit seinen üppigen Ulmen, seinen saftigen Rasenflächen, Blumenbeeten, Springbrunnen und Statuen hinausging.

Das Verhältnis zwischen der jungen Familie auf der einen Seite der Tapetentür und der Schwiegermutter auf der anderen Seite war zunächst von Vernunft geprägt, aber kaum herzlich zu nennen. Einer der Gründe für diese beherrschten Beziehungen war das große Ummöblieren der Wohnung. Das junge Paar hatte eine lange Hochzeitsreise in Mitteleuropa unternommen und sich mit offenen Augen und gemeinsamer Neugier umgesehen. Die beiden hatten auf diese Weise einen neuen Möbelstil entdeckt, den sie mochten und nach Hause mitnehmen wollten. Oscar, der zwar ein anspruchsloser Mensch und mittelmäßiger Schauspieler war, wußte, was er wollte, und er hatte das Talent, seine Ideen in die Tat umzusetzen. Zum Erschrecken der Mutter wurden die alten Möbel im Magazin des Theaters untergebracht; Maler, Tapezierer, Rohrleger und Elektriker zogen in die Räume ein. Helle

Wände, leichte Gardinen in reinen Drucken mit Blumenmustern und in einfachen Faltenwürfen, ein geräumiges Badezimmer mit Heißwasserbereiter und ein Wasserklosett bildeten das Ergebnis ihrer Bemühungen. Korkteppiche in hellen Farben wurden über die alten Bodenbretter genagelt, Teppiche in lustigen Mustern über dunkle und knarrende Parkettböden gerollt. Hinzu kamen Möbel im reinsten Jugendstil, die von einem zugereisten Architekten entworfen worden waren. Licht konnte sich frei entfalten und spielen, in der alten Wohnung gab es plötzlich Weite, Raum und Luft. Dieser Teil des Hauses war nicht mehr wiederzuerkennen.

Helena Ekdahl notierte die Veränderungen unter höflichem Schweigen und hegte den Verdacht, es sei zu einem verspäteten Aufruhr gegen die Eltern gekommen – was in der Tat der Fall war. Die Schuld daran gab sie ihrer Schwiegertochter, brachte die Sache aber nie zur Sprache. Oscar versuchte, auch seine Mutter zu überreden, eine Zentralheizung einzuführen und die unzeitgemäßen Kachelöfen abreißen zu lassen. In dieser Sache hatte er keinen Erfolg. Zu seinem Erstaunen sah er sie in Tränen ausbrechen, außerdem bekam er zu hören, er liebe sie offenbar nicht mehr. Oscar konnte nicht begreifen, wie man eine Zentralheizung mit seiner Liebe zur Mutter verbinden konnte, und ließ die Angelegenheit auf sich beruhen. Nach einiger Zeit wurde jedoch ein Telefon angeschafft, und danach konnte man sich über den Gesundheitszustand und alle anderen Lebensumstände erkundigen, ohne sich zu treffen. Eine Feindseligkeit herrschte niemals im Haus, wenn man von den Köchinnen der beiden Haushalte absieht, die beide hervorragende Künstlerinnen und bedeutende Persönlichkeiten waren. Die Köchin von Frau Helena war eine alte Frau; niemand kannte ihr wirkliches Alter. Sie war in der Ekdahlschen Familie weitervererbt worden, beschwert und beladen mit Kenntnissen und Traditionen; die andere Köchin war eine robuste Dame mittleren Alters mit den Ideen der neuen Zeit über Erziehung und Beköstigung. Solange die jungen Ekdahls kinderlos blieben, bewahrten die beiden Rivalinnen eine dumpfe, christlich gesinnte Neutralität; als aber die drei Kinder einen ungenierten Verkehr zwischen den beiden Küchen eröffneten, flammte eine erbitterte Feindschaft auf, die lebenslang anhielt. Sie währte bis zu Alexanders zwölftem Geburtstag, als das alte Fräulein Vega plötzlich und unerwartet starb, während sie sich über die halbfertige Geburtstagstorte beugte.

Im Herbst 1895 reiste Emilie Ekdahl zu einem Gastspiel nach Helsinki. Ein Jahr später kam sie (nach zehnjähriger Kinderlosigkeit) mit einer Tochter nieder, die auf den Namen Amanda getauft wurde.

Ein junger und sehr begabter Schauspieler von romantischem Aussehen wurde beim Theater engagiert. Es war an der Zeit, die Kameliendame mit Emilie als der unglücklichen Hetäre zu spielen, und Herr Palmlund erhielt die Rolle des feurigen Armand. Diese Aufführung wurde zu einem der größten Erfolge des Theaters, und das Stück lief sechsundvierzigmal, was ungewöhnlich war. Der junge Schauspieler erhielt ein Engagement in der Hauptstadt, und es wurde behauptet, man habe Emilie mit rotverweinten Augen und ungekämmtem Haar gesehen. Sie gebar einen Sohn, der den Namen Alexander erhielt. Alexander war ein ungewöhnlich kleines und kränkelndes Baby, das in einem Krankenhaus die Nottaufe erhielt. Unter der zärtlichen Pflege der Mutter erholte er sich jedoch nach und nach.

Ein Jahr später wurde Fanny geboren, ein gesundes und rundes Mädchen, das dem Erzbischof ähnlich sah, der im Stift zu Besuch gewesen war.

Der rasche Zuwachs der Ekdahlschen Familie gab Anlaß zu Kommentaren in der Stadt, während die in erster

Linie Beteiligten sehr glücklich zu sein schienen. Da sowohl Oscar wie Emilie allgemein beliebt waren, verstummte das Getratsche jedoch recht bald und man erfreute sich statt dessen am Anblick der aufblühenden Mutter mit ihren gepflegten und munteren Kindern.

Die Großmutter hatte Amandas Geburt ohne nennenswerte Gemütsbewegung zur Kenntnis genommen. Um so lebhafter nahm sie dafür an dem lebensgefährlichen Debüt Alexanders Anteil. Es war auch Alexander, der in einem Augenblick des Übermuts sich zum ersten Mal an die geschlossene Tür zwischen den beiden Wohnungen heranmachte. Vor ihm breitete sich eine verlockende und ein wenig Angst einjagende Welt aus. Er war zwar oft bei seiner Großmutter zu Besuch gewesen, aber diese Besuche waren immer durch bestimmte rituelle Verhaltensweisen bestimmt gewesen. Einmal, an einem sonnigen, stillen Sonntagvormittag, konnte er auf Entdeckungstour gehen. Die Großmutter war zusammen mit Fräulein Vega und Fräulein Ester in der Kirche. Die Wohnung war leer. Der Parkettfußboden knarrte unter den tastenden Schritten. Der gewaltige Tisch im Speisesaal erhob sich über dem Kopf; Alexander setzte sich auf den Boden und stützte den Rücken gegen eines der geschwungenen Beine. Seine braune Schürze mit den roten Bordüren hatte auf der Vorderseite eine Tasche. Auf die Tasche war eine Katze gestickt. Er steckte beide Hände in die Tasche, das gab ihm ein stärkeres Gefühl der Sicherheit, zudem war ihm kalt.

Der Wintertag stand scharf und frostig vor den Doppelfenstern mit ihren gemusterten Gardinenbrettern und schweren Vorhängen. Die Stühle um den Tisch und die Wände waren mit dunklem und golden schimmerndem Leder bezogen, das scharf roch. Im Rücken des Kindes erhob sich die Anrichte wie eine Burg. Die gläsernen Karaffen, die Kristallschalen glitzerten schwach in dem

Fach zwischen den beiden Türmen. An der Längswand hing ein Gemälde, auf dem weiße, rote und gelbe Häuser zu sehen waren, die aus einer blauen Wasserfläche emporwuchsen. Auf dem Wasser fuhren seltsame Boote. Die Eßzimmeruhr, die fast bis zur Stuckdecke reichte, sprach auf eine verdrießliche und in sich gekehrte Weise mit sich selbst.

Dort, wo er saß, konnte er in den grünschimmernden Salon hineinsehen. Grüne Wände, Teppiche, Möbel, Gardinen und mehrere Palmen in grünen Übertöpfen. Er erblickte die nackte weiße Dame mit den abgehauenen Armen. Diese stand leicht vornübergeneigt da und betrachtete ihn mit nachdenklicher Miene.

Er hatte sie schon viele Male zuvor gesehen, aber sich nie entschließen können, ob er sie ein bißchen lebendig und in dem Fall erschreckend finden sollte, und zugleich auch auf unerklärliche Weise anziehend. So wie jetzt, in seiner Einsamkeit, war die nackte Dame mit den abgehauenen Armen entschieden lebendig – das konnte er im Bauch fühlen. Auf dem geschwungenen Sekretär mit den Goldbeschlägen und den Goldfüßen stand eine schwere goldene Uhr unter einer Glaskuppel. Gegen das Zifferblatt lehnte sich ein flötespielender Mann, und auf einem kleinen Stein saß eine Dame mit tiefem Ausschnitt, einem großen Hut und einem weiten, kurzen Rock, und auch diese Figuren waren aus Gold. Als die Uhr zwölf schlug, spielte der Mann auf seiner Flöte, und die kleine Dame tanzte. Die Großmutter hatte den Mechanismus einige Male demonstriert, aber jetzt, so allein, war alles völlig anders. Alexander spürte Mitleid mit dem Mann und der Dame, die unter der gläsernen Kuppel eingesperrt waren.

Großmutter ist an diesem Sonntagvormittag spät aufgestanden. Das große Bett mit seinen hohen verzierten Giebeln ist noch immer nicht gemacht, und die Kissen riechen gut nach Großmutters Rosenparfüm (es heißt: »Glycerin und Rosenwasser« und ist völlig uneitel in der Apotheke zu erhalten, aber das weiß Alexander nicht). Der Raum ist nicht sonderlich groß, die Einrichtung ist seit mehr als vierzig Jahren nicht verändert worden; es steht alles etwa so wie am Hochzeitstag des Jahres 1862, als Helena und Oscar Ekdahl zum ersten Mal das eheliche Bett bestiegen, in dem sie sich mehr als zwanzig Jahre lang verlustierten, in dem sie weinten, sich stritten oder bei den Händen hielten, oder vielleicht vernünftig über das Repertoire des Theaters, die Zukunft der Kinder, die Launen der Schwiegermutter und das Unglück ihrer Freunde räsonierten. Oscar der erste Ekdahl und seine Ehefrau Helena, geborene Mandelbaum, lebten in einer, wie sie selbst meinten, glücklichen Ehe, und ihre gegenseitige Treue wurde nie erschüttert.

An der Wand gegenüber dem Bett, beleuchtet vom Wintertag, hängt ein Gemälde von Frau Helena als Iphigenie. Von diesem Kunstwerk geht ein seltsames Licht aus. Alexander hat das Gefühl, als bewege sich die Großmutter in diesem Bild, er kann sie fast sprechen hören. Seine Mutter hat diese Rolle gespielt, und er kann die Worte auswendig. Er genießt den Anblick ihrer wohlgeformten Hände, der weichen Lippen, der schweren, festen Brüste unter dem durchsichtigen Kleid, des leuchtenden Teints, der ernsten, unregelmäßig geformten Augen, der breiten, klaren Stirn und des krausen schwarzen Haares.

Was ließe sich sonst noch von diesem Zimmer sagen, es sei denn, daß es mit Bildern, Fotografien und geliebten Gegenständen angefüllt ist. Im Schlafzimmer der Großmutter wird es nie richtig hell, und der Raum läßt sich praktisch kaum aufräumen und saubermachen. Zweimal im Jahr werden die Möbel hinausgetragen, werden Teppiche und Vorhänge geklopft, der Boden gescheuert; bei diesen Gelegenheiten wird jeder Gegenstand geputzt, aber nach einigen Tagen ist alles genau so staubig wie zuvor, und der Parfümduft, der sich mit dem Geruch alternden Holzes und zerfallenden Sandes mischt, hängt schwer in dem länglichen dunklen Raum. An der hinteren kurzen Wand steht ein gerundetes Sofa, das mit dunkelrotem, etwas verschlissenem Brokat bezogen ist, auf der Lehne mit einer Menge verschieden geformter Kissen, alle weich und nachgiebig. Auf diesem Sofa sitzt Helena Ekdahl gern mit ihrem Enkel, jeder hält ein Kissen an den Bauch gedrückt, dann sprechen sie über das Leben und die Kunst, aber auch über den Tod und das Leben nach dem Tod.

Durch die Wohnung zieht sich ein langer, dunkler, hoher Korridor. Er holt sich das schwebende, matte Licht aus den Zimmern, die ihn umgeben, und von den niedrigen Fenstern oberhalb der Türen zur Küche und zur Mädchenkammer. Im Winkel des Korridors gibt es ein geheimes Zimmer. Die Tür ist von fünf Löchern gleich oberhalb des Fußbodens durchbohrt, und die Wände sind mit rotem Stoff bespannt. Dort hängen einige kolorierte Bilder in Glas und Rahmen, die Ritterburgen und schöne junge Frauen in wehenden Schleiern zeigen. Mitten in dem engen, viereckigen Raum steht ein thronähnlicher Stuhl mit Arm- und Rückenlehne. Auch er ist mit rotem Stoff bespannt und hat an den Ecken und an den Seiten Messingbeschläge. Den Sitz kann man hochheben, und darunter ist ein schwarzes Loch, ein Abgrund, wie Alexander findet. Hier sitzt die Großmutter oft lange Zeit und keucht und seufzt. Alexander hat schon mehrere Male angeboten, ihr dort Gesellschaft zu leisten, um sie zu zerstreuen, aber Großmutter hat immer »nein, danke« gesagt. Alexanders Vater sagt, Großmutter leide an Verstopfung, weil sie so geizig sei. Fräulein Vega oder Fräulein Ester dagegen sitzen nie lange auf dem Thron. Sie rennen nur kurz in das kleine Zimmer hinein, knistern mit ihren Röcken und dann sind sie wieder draußen, bevor man auch nur bis zehn hat zählen können.

Im Korridor steht ein ansehnlicher eiserner Ofen. Er strahlt einen besonderen, etwas scharfen Duft nach verbrannter Kohle aus; auch das erhitzte Eisen riecht. In der Küche bereitet Fräulein Vega das Essen vor, eine gute und nahrhafte Kohlsuppe. Der Essensgeruch breitet sich warm und greifbar durch die ganze Wohnung aus und geht in einer höheren Vereinigung mit den sehr physischen Dünsten aus dem geheimen Raum im rechten Winkel des Korridors auf. Für eine kleine Person, die wie Alexander mit der Nase am Fußboden durch die Wohnung spaziert, riechen die Teppiche frisch und stark nach den Mottenkugeln, deren Geruch sie in sich aufsaugen, wenn sie während der Sommermonate zusammengerollt sind. An jedem Freitag bohnern Fräulein Ester und Fräulein Vega die altertümlichen Parkettfußböden mit Bohnerwachs und Terpentin; der Geruch ist betäubend. Die Bretterböden mit ihren Astlöchern riechen nach grüner Seife. Die Korkteppiche werden mit einer übelriechenden Mischung aus saurer Magermilch und Wasser geputzt.

Auch die Menschen riechen nach verschiedenen Dingen. Ihre Kleider riechen nicht nur nach Stoff, sondern auch nach Essensdünsten, Schweiß, Tabak und Parfüm. Ihre Schuhe riechen nach Leder, Putzmitteln und Fußschweiß. Die Leute laufen wie richtige Geruchssymphonien herum: Puder, Kernseife, Urin, Geschlecht, Ferkelei, Pomade. Manche riechen ganz allgemein nach Mensch, andere riechen beruhigend, wiederum andere riechen bedrohlich. Fräulein Ester, das Dienstmädchen, hat eine Perücke, die sie mit einem besonderen Klebstoff auf der kahlen Schwarte befestigt. Das ganze Fräulein Ester riecht nach Klebstoff. Großmutter riecht nach verwelkten Rosen. Alexanders Mutter riecht süß wie Vanille, aber wenn sie wütend ist, wird ihr flaumiger Schnurrbart feucht, und dann verbreitet sie einen kaum wahrnehmbaren scharfen Duft, der gefährlich wirkt. Ein junges, rundliches und rothaariges Dienstmädchen namens Maj, das hinkt, ist Alexanders Geruchsfavoritin. Es gibt für ihn nichts Schöneres, als auf ihrem Arm in ihrem Bett zu liegen und die Nase gegen ihr grobleinernes Nachthemd zu pressen. Sie duftet nach Schweiß und anderen guten Sachen. Beide sind sich bewußt, daß dieser Umgang wahrscheinlich verboten ist, aber niemand hat sie entdeckt, und daher können sie auch weiterhin zusammen sein wie zwei freundliche kleine Tiere. Alexanders ältere Schwester riecht nach Metall. Es ist merkwürdig, aber sie riecht wirklich wie die Zinnschale, die auf dem Rauchtisch in der Bibliothek steht. Fanny riecht nach süßer Sahne und kleinem Kind, obwohl sie schon acht Jahre alt ist.

Wenn man in dem Salon unter dem Kristalleuchter steht und mit den Füßen in den unendlichen Blattmustern des Teppichs versinkt, wenn man vollkommen unbeweglich dasteht und die Luft anhält, kann man die Stille hören, die aus vielem besteht: zuallererst dem Rauschen des Blutes im Trommelfell, aber auch den Uhren, die überall ticken, ticken und schlagen, alle auf einmal.

Dann ist da noch das Brausen des Feuers im Kachelofen, die schwarzen eisernen Luken klirren und zittern schwach. Von weiter her ist Klaviermusik zu hören, sie kommt von der Nachbarstochter, die Tonleitern übt. Diese Musik ist kaum wahrzunehmen, macht aber dennoch ein bißchen traurig, warum, kann man nicht wissen. Am Schreibtisch in der Bibliothek sitzt Großmutter über ihre Buchführung gebeugt. Die Stahlfeder wandert raschelnd über das Papier. Aus der Küche ist das Klirren des Abwasches zu hören, außerdem noch Fräulein Vegas Stimme. Dann wird es still, aber das Porzellan und das Silber plätschern noch im Abwaschtrog.

Der Wintertag neigt sich seinem Ende zu, ein Schlitten fährt vorbei, ein Glöckchen bimmelt, die Pferdehufe donnern auf dem gefrorenen Schnee, um die Kufen des Schlittens fliegen die Funken. Die Turmuhr des Doms schlägt viermal die Viertelstunde und dreimal die Stunde. Warum bin ich so traurig, denkt Alexander, als er im Salon steht und mit den Füßen im Blattmuster des Teppichs versinkt. Warum bin ich so traurig? Ist es der Tod, der da draußen im Halbdunkel des Flurs so reglos dasteht? Höre ich, wie er kurz und fauchend atmet? Kommt er, um Großmutter zu holen, die in der Bibliothek sitzt und in ihrem blauen Rechenbuch schreibt? Alexander will sofort zu ihr hineingehen, um in ihr Knie zu weinen, aber er darf nicht. Wenn er sich bewegt, wenn er auch nur einen Finger rührt, wird der Tod sich in Bewegung setzen und ihm zuvorkommen. Es wird zu einem ermüdenden Kampf zwischen Alexander und dem Tod da draußen im Flur kommen. Plötzlich fängt Fräulein Ester an, mit einem schwarzen Eisenspaten Kohlenstücke in den Ofen zu schütten. Es ist ein starkes und befreiendes Geräusch, und der schreckliche Gast ist endlich fort.

Die Dämmerung dräut blau und vertieft sich geschichtet durch die schwere Drapierung der Gardinen. Großmutter erhebt sich vom Schreibtisch und holt die Spirituslampe. Ihr Sohn hat ihr eine elektrische Tischlampe aus Eisen mit grünem Porzellanschirm geschenkt, aber sie hat sie in den großen Schrank gestellt und gebraucht noch immer dieselbe Spirituslampe, die über dem Schreibpult Oscars im Theater leuchtete. Sie entzündet die gelbe Flamme; es duftet nach Brennspiritus, das Glasrohr und der Schirm werden an Ort und Stelle gesetzt. Großmutters Schatten zeichnet sich über dem Buchrücken ab. Im Flur und im Salon blinken die Bogenlampen. Sie lassen noch viel Platz übrig für Schatten. Es wird noch dunkler. Der Laternenanzünder mit seiner langen Stange tappt vorsichtig auf dem Glatteis des Bürgersteigs entlang. Jetzt zündet er das Gaslicht der Straßenlaternen an. Sie lassen an der Decke des Salons Schatten entstehen. Alexander sieht Berge und Meere, meint Ungeheuer und Helden zu sehen. Großmutter wendet ihm das Gesicht zu, er kann ihre Augen nicht sehen, sie streckt die Hand aus und fragt mit sanfter Stimme, ob er Lust hat, vor dem Essen ein Weilchen Karten zu spielen.

Ich sollte auch ein paar Worte über den Hof hinter dem Ekdahlschen Haus sagen. In der Fassade zur Straße hin öffnet sich ein gewölbter Torbogen, der nachts von schweren, durchbrochenen Eichentüren verschlossen wird. Die Einfahrt ist mit holprigen Steinen gepflastert; wenn Pferde und Wagen durch das Gewölbe auf den Hof fahren, entsteht ein dröhnendes Geräusch, das das Haus erschüttert. Man hat schon lange davon gesprochen, die Einfahrt zu asphaltieren, aber daraus ist nichts geworden. Der Hof ist unregelmäßig und weitläufig; er wird von einem einfachen dreistöckigen Mietshaus, das sich im rechten Winkel dem Haus zur Straße hin anschließt, einer Art Schuppen mit Ställen, Waschküchen, Droschkenstellplätzen sowie einer Brandmauer begrenzt. In einer Öffnung erhascht man einen Blick auf den Stadtpark. Mitten auf dem Hof wächst eine hohe Kastanie; die Erde ist auf dem Hof nur teilweise mit Steinen belegt. Zwei Gestelle zum Teppichklopfen erheben sich wie mittelalterliche Marterinstrumente. Ein zugemauerter Brunnen mit Handpumpe hält bei der Scheune Wacht.

Frau Helena hält sich ein Reitpferd, ein Wagenpferd, zwei schwarz glänzende Coupés sowie einen Schlitten; dazu einen livrierten Kutscher und einen Stallknecht, den Sohn des Kutschers. Sie wohnen in zwei kleinen Zimmern über dem Stall. In einem der Garagenplätze steht Oscars Daimler. Dieser Wagen wird nur im Sommer gefahren; Oscar ist ein leidenschaftlicher, aber unsicherer Wagenlenker. In den beiden Waschhäusern herrscht ein ständiges Kommen und Gehen verärgerter Mütter und blasser Kleinkinder. Aus den offenen Türen und den geöffneten Fenstern quillt Dampf; die Konversation ist ununterbrochen und wird mit lauter Stimme geführt. Im Rest der gelben, leicht verfallenen Scheune hat sich ein kleines Fuhrunternehmen eingemietet. Drei Brüder, die schon über die mittleren Lebensjahre hinaus sind, und vier magere Klepper besorgen die Geschäfte. Die Brüder wohnen zusammen mit einer schwarzlockigen Haushälterin auf dem Dachboden des Mietshauses. Die Haushälterin hat einen interessanten Ruf und sechs Kinder, die alle gleich mager und blaß und ständig erkältet sind.

In der unteren Wohnung, rechts von der Eingangstreppe, liegt ein merkwürdiger Laden, der einen merkwürdigen Besitzer hat, einen hochaufgeschossenen Mann mit geneigtem Gang und großen blassen Händen. Er hat einen langen Bart und Locken um die Ohren, schwarze Augen und eine schmale weiße Stirn. Auf dem Kopf trägt er einen speckigen Hut mit runder Krempe. Er heißt Isak Jacobi und ißt jeden Donnerstag bei Frau Helena Ekdahl zu Mittag. Fräulein Ester sagt, er sei ein ekliger, schmutziger Jude und erzählt Alexander gern, daß Isak Jacobi kleine Kinder schlachtet und ihr Blut trinkt. Alexander schenkt der Aussage Fräulein Esters keinen Glauben, aber diese Erzählungen verleihen der ohnehin schon geheimnisvollen Person Isaks noch zusätzlich etwas Verlockendes. Der Laden hat seinen Zauber, seine Magie. Man betritt ihn durch eine Tür mit einem Glasfenster, eine kleine Glocke läutet. Am Tresen sitzt Isak Jacobi in einem schwarzen Schaukelstuhl; für gewöhnlich liest er in einem Buch mit unbekannten Buchstaben. Fanny und Alexander besuchen den Laden des Juden gern. Amanda betritt ihn nie. Sie sagt, da riecht es schlecht, und im Hinterzimmer liegt eine verweste Leiche. Dies ist zum Teil wahr. Isak

Jacobi ist nämlich Besitzer einer Mumie, die in einer Glaskiste liegt. Diese Glaskiste befindet sich in einem Verschlag, in dem er seine kostbarsten Besitztümer aufbewahrt. Fanny und Alexander wollen immer wieder die Mumie sehen. Sie ist schrecklich, das Gesicht ist von der goldenen Maske und den Binden befreit; man kann das Haar sehen, die Ohren, die fast weggefressenen Lippen, den lächelnden Mund und die lange schadhafte Nase. – Der Laden erstreckt sich weit ins Hausinnere hinein; er besteht aus etlichen Zimmern mit schmutzigen, zum Teil zugenagelten Fenstern, die von staubigen Vorhängen verhüllt sind. Auf langen Regalen, auf großen Tischen, auf dem Fußboden und an der Decke hängend befinden sich Tausende von Gegenständen der unterschiedlichsten Art. Kein Mensch hat je davon gehört, daß der Jude in seinem Laden etwas verkauft hätte. Es hat ihn auch niemand etwas kaufen sehen. Das alles ist ein Mysterium.

Auf dem Hof spielt sich ununterbrochen ein abwechslungsreiches Tier- und Menschenleben ab. Die Spatzen machen in der Kastanie Krach oder leisten sich auf den Pferdeäpfeln ein Festessen; unzählige fette Katzen führen ein bequemes Nichtstuerleben unter Ratten und Mäusen; Kinder und Hunde tummeln sich auf dem Kies und dem fahlen, ungepflegten Rasen. Der Stallbursche und der Pförtner saufen hinter dem Plumpsklo hinter dem Stall, unter den scharfzüngigen Kommentaren der Frauen im Brauhaus.

Den Kindern Ekdahl ist es verboten, auf dem Hof zu spielen. Sie müssen unter Aufsicht der hinkenden, aber fröhlichen Maj zum Stadtpark marschieren, in dem passender Umgang und standesgemäße Sandhaufen zur Verfügung stehen.

## Weihnachten

### 1

Seit Oscars, des ersten Ekdahl, Tagen ist es Tradition, am Heiligabend um ein Uhr nachmittags das Spiel von der freudenreichen Geburt Christi aufzuführen. Aus der gleichen Tradition heraus ist diese Vorstellung ebenso gut besucht wie der Weihnachts-Frühgottesdienst im Dom. Bischof Edvard Vergerus ist anwesend, ebenso Bürgermeister Falström, Landeshauptmann Pansarstierna, Rektor Magnificus Adam Boetius und viele andere Honoratioren mit ihrem gesamten Hausgesinde.

Man ist inzwischen zum Ende gekommen. Maria, Josef und das Kind schlafen in ihrer Hütte. Eine überirdische Musik ist zu hören; die Bühne füllt sich mit Licht, und vom Schnürboden senkt sich langsam ein weißgekleideter Engel herab, umgeben von kleineren Engeln in verschiedenen Größen. Der Engel ist die erste Dame des Theaters, Emilie Ekdahl, seit etlichen Jahren tritt sie in dieser wichtigen Rolle auf. Die kleinen Engel werden von ihren Kindern Amanda, Alexander und Fanny sowie deren Cousine Jenny gespielt. Nachdem die Engel auf einer kleinen Brücke in Höhe des Daches der Hütte gelandet sind, erwacht Josef, der vom Direktor des Theaters, Oscar Ekdahl, anspruchslos, aber würdig dargestellt wird. Auch dies ist eine Tradition, und Oscar opfert sich.

DER ENGEL Fürchte nicht, lieber Josef,
dein Engel ist dir stets nahe,
nicht immer kannst du ihn sehen,
er wacht über dein Wohl und Wehe.
Jetzt bringe ich eine dringliche Botschaft

dir von deinem Schöpfer, deinem Gott.
Maria und das Kind sollst schnell du
wecken und aus dem Land wegführen.
Herodes bedroht mit seiner Mörderhand
jeden Knaben in diesem Land.

JOSEF Ich hab mir alles eingeprägt.
Ich werde tun, was du mir gesagt.
Gelobt sei Gott auf seinem Thron.
Der so schützt meinen einz'gen Sohn.

Alle, die aufgetreten sind, strömen auf die Bühne. Das Orchester spielt einige Takte eines Weihnachtschorals. Emilie hat die drei Kinder um sich versammelt und wendet sich lächelnd dem Publikum zu.

EMILIE So endet nun unser Spiel,
es endet gut, es endet wohl.
Gerettet ist Gottes Sohn gewiß,
gerettet von unserem Herrn Jesus Christ.
Daraus man lernen kann,
daß der Herr schützt jedermann,
jede Frau und jedes Kind.

Die Jungfrau Maria, die von Fräulein Hanna Schwartz gespielt wird, streckt die Hände zu einer alles umarmenden Geste aus. Sie ist seit drei Jahren die jugendliche Naive dieses Theaters und sehr beliebt, besonders bei älteren Herren.

HANNA Ein Weihnachtsfest, so reich und hell,
wünschen wir jedem Haus.

Jetzt ist der älteste und hervorragendste Akteur des Theaters an der Reihe, Herr Filip Landahl, der dreiundsiebzig Jahre alt ist. Er fummelt mit einem Spickzettel herum (kurze Repliken in Versform sind so verdammt schlecht zu behalten).

FILIP Für Kinder, Frau und Mann
sollen jetzt die Weihnachtslichter
lustig brennen.

Alexander Ekdahl tritt vor, zehn Jahre alt, blaß, mager und ein wenig dünnhaarig; er hat eine große Nase, ist kurzsichtig, hat dunkelblaue Augen und einen breiten Mund, der sich gern zu einem schiefen, verlegenen Lächeln verzieht.

ALEXANDER *räuspert sich.*
Möge im Dunkeln niemand übrigbleiben,
frohe Weihnachten für einen jeden von euch.

Der Vorhang fällt unter lebhaftem Applaus, der jedoch hastig endet, weil alle nach Hause müssen, um selber Weihnachten zu feiern. Nachdem der Vorhang sich zum letzten Mal gesenkt hat, wenden alle Anwesenden die Gesichter der rechten Kulissenstraße zu. Jetzt hält Gustav Adolf Ekdahl Einzug: er strahlt vor Wohlwollen und hohem Blutdruck.

Ihm auf den Fersen folgen vier frischgestärkte Dienstmädchen mit Tabletts voller Leckereien. Den vier Dienstmädchen folgen vier männliche Diener, die Terrinen mit warmem Punsch, Glühwein und dampfendem Glögg hereintragen. Zuletzt kommt Alma Ekdahl (die stattliche Ehefrau von Gustav Adolf) zusammen mit der neunzehnjährigen Tochter Petra herein, die eine Kopie ihrer fröhlichen Mutter ist. Zwischen sich schleppen sie einen offenen Lederkoffer, der bis zum Rand mit Weihnachtsgeschenken für das Personal des Theaters sowie dessen Angehörige gefüllt ist.

Alle sind versammelt: die Schauspieler in ihren Kostümen, die Bühnenarbeiter, die sich feingemacht haben, frisch gekämmt und dazu ein bißchen rosig in Erwartung der kommenden Weihnachtsfeier, die Näherinnen, die

Kartenverkäuferinnen, die Damen aus der Perückenmacherei und die ernsten Herren aus dem Büro. Es ist eine recht umfangreiche Versammlung, insgesamt vierunddreißig erwachsene Personen und dreizehn Kinder. Man ergreift sein Glas, Oscar Ekdahl betritt die Treppe zur Hütte Josefs und Marias, man versammelt sich um ihn, jetzt soll der Direktor des Theaters seine Weihnachtsansprache halten. Sein Vater war ein quicker und gewandter Gesellschaftslöwe, dessen Weihnachtsansprache einer der Höhepunkte der Saison war. Der Sohn ist alles andere als ein Schönredner, aber alle schätzen ihn, und außerdem muß die Weihnachtsansprache gehalten werden.

OSCAR Liebe Freunde, liebe Mitarbeiter, liebe Familie! Zweiundzwanzig Jahre lang stehe ich schon hier und habe Ansprachen gehalten, ohne auch nur die leiseste Begabung für diese Art von Darbietung zu haben...

Er sieht sich um und lächelt schlau, und alle lächeln ohne Anstrengung zurück, denn man hält Oscar für einen herzensguten Ehrenmann.

OSCAR *nachdenklich.* ... für diese Art von Auftritt. Meine einzige Begabung, wenn ich bei mir überhaupt von Begabung sprechen kann, liegt darin, daß ich diese kleine Welt innerhalb der dicken Mauern dieses Hauses liebe. Und dann mag ich die Menschen, die in dieser kleinen Welt arbeiten. Außerhalb dieser Mauern liegt die große Welt, und manchmal gelingt es der kleinen Welt, eine Sekunde lang die große Welt widerzuspiegeln, so daß wir sie besser verstehen können, oder aber wir geben den Menschen, die hierherkommen, eine Möglichkeit, für einige Augenblicke oder Sekunden...

Er betrachtet sein Glas, das er zwischen den Händen hält. Es ist vollkommen still, oben im Dunkel des Schnürbodens jault leise der Schneesturm. Als Oscar wieder aufblickt, merken alle, daß er ungewöhnlich blaß ist und Tränen in den Augen hat.

OSCAR ... für einige Sekunden die schwere Welt da draußen zu vergessen. Unser Theater ist ein kleines – ein kleines Zimmer der Ordnung, in der alles seinen Platz hat, ein Ort der Fürsorge und der Liebe. Ich weiß nicht, warum ich ausgerechnet heute so schrecklich gerührt bin, mir ist so komisch feierlich zumute. Ich kann nicht erklären, wie ich mich fühle. Ich glaube, ich muß mich heute kurz fassen.

Er schüttelt den Kopf, hebt das Glas und betrachtet die Menschen, die sich um ihn versammelt haben.

OSCAR Meine Mutter und ich, meine Frau und meine Kinder, wünschen Ihnen allen ein frohes, gutes Weihnachtsfest. Ich hoffe, daß wir uns am zweiten Feiertag hier alle wiedersehen, an Leib und Seele gestärkt. Frohe Weihnachten!

GUSTAV ADOLF Frohe Weihnachten, Oscar. Frohe Weihnachten, Emilie.

Alle stoßen mit der Familie Ekdahl und miteinander an.

## 2

Man kämpft sich in einem wirbelnden Schneesturm über den Marktplatz; der Wind scheint aus allen vier Himmelsrichtungen zu kommen. Schneeverwehungen haben sich aufgetürmt; drei Schlitten mit aufgeräumten Weihnachtsfeiernden gleiten vorbei; die fröhlichen Menschen sind auf dem Weg zu einem Fest. Sie halten Fackeln in den Händen, die Glöckchen klingeln, aus den Nüstern der Pferde steigt Dampf. Gegenüber dem Theater erstrahlt das Ekdahlsche Haus. In jedem Fenster stehen Leuchter mit brennenden Kerzen.

Bei Helena Ekdahl sind alle Vorbereitungen für das große Weihnachtsessen abgeschlossen. Der Tannenbaum ist angezündet, Kandelaber, Kronleuchter und Lampen strahlen; in den Kachelöfen knackt das Brennholz.

Fräulein Vega und Fräulein Ester haben sich in schwarze Seide gekleidet, in gestärkte weiße Schürzen, und tragen hohe spitzengeschmückte Mützen auf kunstvollen Frisuren.

Frau Helena selbst hat ein dunkelrotes Brokatkleid angezogen, schweren Schmuck angelegt und ihre königlichen Augen. Ihr Haar ist noch immer dunkel und glänzend, durchzogen von schmalen grauen Strähnen. Ihr Teint ist reif und schimmert, die dunkelblauen Augen blicken immer noch scharf und klar, die Hände sind weich und ohne Falten oder Flecken.

Sie steht am Balkonfenster und sieht, wie ihre große Familie, ihre Söhne, Schwiegertöchter und Enkel lachend und lärmend durch das Schneetreiben unten auf dem Marktplatz zum Haus streben. Im Theater werden nach und nach die Lichter gelöscht. Bald ist es dunkel. Die schweren Gaslaternen vor dem großen Portal bewegen sich im Wind; die Laternen keuchen und blinken. Jetzt stürmt ihr ältester Sohn, Professor Carl Ekdahl, mit seiner Ehefrau Lydia herein. Sie zanken sich draußen auf dem Flur, aber Carl strahlt, als er seine Mutter entdeckt, und begrüßt sie lärmend.

Er ist ein hochgewachsener, korpulenter Mann, fast kahlköpfig, aber mit großem Bart und Koteletten. Seine Ehefrau ist eine fette, geschäftige Deutsche, die trotz ihrer zwanzig Jahre im Land die Sprache nicht gelernt hat.

Sie hat einen frischen Teint, einen großen Busen und große Zähne, ist ständig guter Laune, selbst wenn sie sich streitet. Carl und Lydia sind kinderlos, verschwenden ihre Zärtlichkeit aber an acht Katzen von angeblich edler Abstammung. Sie haben die Arme voller Weihnachtsgeschenke, die ihnen von Fräulein Ester abgenommen und in einem großen Kleiderkorb untergebracht werden, der schon bis zum Rand mit hübschen Paketen gefüllt ist.

Lydia begrüßt ihre Schwiegermutter überschwenglich; diese erwidert die Begrüßung mit freundlicher Selbstbeherrschung. Carl hat sich eine Zigarre angezündet und ein Glas Cognac eingeschenkt. Der Professor ist Alkoholiker, aber bei seinen Studenten dennoch recht beliebt.

Dann betritt Isak Jacobi den Ekdahlschen Salon. Er strahlt vor Feierlichkeit und Entzücken; seine Abendkleidung ist tadellos, Haar und Bart sind frisch frisiert, die schwarzen Augenbrauen hübsch nach oben gezwirbelt, und die nasale Baßstimme macht Frau Helenas Schönheit Komplimente. Er überreicht ihr eine kleine Rose in getriebenem Silber, an der sechs glänzende Rubine die Stelle der Dornen am Stiel eingenommen haben.

Im Treppenhaus ist Lärm zu hören. Eine Welle von Gelächter und Geschrei dringt durch das große Haus nach oben. Die Flurtür wird aufgerissen, und die Kinder stürzen herein. Sie sind die Treppe hinauf um die Wette gelaufen. Das Gelächter und das eisige Schneetreiben haben sie in Atemnot gebracht; vielleicht haben auch der heiße Glühwein und das Weihnachtsfieber dazu beigetragen. Es sind Amanda, die Älteste, die zum Herbst im Opernballett in der Hauptstadt anfangen soll, Alexander, zehn Jahre, in seiner Phantasie ein Märtyrer, und dann Fanny, klein, rosig und resolut. Und da ist auch Jenny, ein leidenschaftliches, aber rücksichtsvolles Kind, das heimlich in seine ältere Cousine Amanda verliebt ist.

Jetzt kommen die Älteren: Emilie und Alma, die sich freundschaftlich umschlungen halten und denen der Marsch über den Marktplatz rote Wangen beschert hat. Da ist Oscar, der die fröhliche und stabile Petra beim Arm genommen hat. Er hört dem endlosen Bericht seiner Nichte über irgendein bemerkenswertes Erlebnis in der Haushaltsschule zu, in der sie seit zwei Jahren Unterricht genießt. Zum Schluß kommt Gustav Adolf, der von all dem Zuprosten im Theater ein wenig angeheitert ist. Er scherzt gewagt mit dem Kindermädchen der Familie Ekdahl, der rundlichen, hinkenden Maj.

Diese wehrt sich kichernd. Vom Kücheneingang im zweiten Stock her kommen die Dienstmädchen Siri und Berta sowie die Köchinnen Alida und Lisen. Die Hausangestellte des Professors ist über Weihnachten nach Berlin nach Hause gefahren, eine Regelung, die alle ausgezeichnet finden.

Dann wird Helena Ekdahl begrüßt; von den Söhnen mit weltmännischen Handküssen, von den Schwiegertöchtern mit federleichten Wangenküssen, von den Kindern mit gewaltigen Umarmungen und schmatzenden Küssen auf den Mund. Zuletzt kommen die Dienstboten mit höflichem Lächeln und angemessen tiefen Verbeugungen. Onkel Carl spielt auf dem Flügel eine Polka. Gustav Adolf inspiziert das, was in der Küche angerichtet und vorbereitet worden ist, und Oscar unterrichtet seine Mutter über Verlauf und Aufnahme der Nachmittagsvorstellung. Emilie und Alma schleppen den schweren Wäschekorb mit den Weihnachtsgeschenken herein und stellen ihn neben den Weihnachtsbaum. Isak Jacobi unterhält sich lärmend mit Jenny und Fanny, die er beide auf den Schoß genommen hat. Alexander und Amanda haben alle Würde verloren und schlagen auf dem Teppich im Salon Purzelbäume. Fräulein Vega und Fräulein Ester rennen geschäftig zwischen Küche, Anrichteraum und Küche hin und her, obwohl alles schon seit mehreren Stunden vorbereitet ist.

Lydia Ekdahl unterhält sich mit Petra in einem unglaublichen Rotwelsch; Petra versteht nicht, was ihre Tante sagt, antwortet aber trotzdem mit irgendeiner beliebigen Erwiderung, und zwar immer dann, wenn Lydia Luft holt. Siri, Berta und Maj haben sich mit Alida und Lisen zusammengetan; sie flüstern kichernd miteinander. Das Gesprächsthema ist ebenso lieb wie unerschöpflich: das lebhafte Interesse Gustav Adolf Ekdahls für junge Frauen. Alle Mädchen können mit mehr oder weniger den Tatsachen entsprechenden Erzählungen über das Hausen Herrn Ekdahls beitragen; sowohl Maj wie Lisen haben eigene Erfahrungen. Gleichwohl nimmt keine von ihnen Anstoß oder findet das Verhalten des Gastronomen ungehörig. Man hält ihn vielmehr für einen netten und tüchtigen Mann, der seine Vergnügungen durchaus verdient. Nicht einmal seine Frau macht sich die Mühe, eifersüchtig zu werden.

Aus Tradition wird das Weihnachtsessen in Frau Helenas geräumiger Küche eingenommen, die mit allen möglichen Weihnachtsläufern, Weihnachtsgobelins, Weihnachtsmännern, Weihnachtsdecken, Weihnachtslaternen und handgegossenen Kerzen geschmückt ist.

Aus derselben Tradition heraus essen Bedienstete und Herrschaft gemeinsam; die Tischordnung ist willkürlich. Alles, was es zu essen gibt, steht auf dem Küchenherd und den mit schönen Tischdecken verdeckten Spülen, oder auf dem langen Serviertisch. Jedermann nimmt sich nach Herzenslust und Vermögen seines Magens. Es ist reichlich aufgetischt, auf verschiedenste Art zubereiteter Hering, Wurst, Sülzen und Pasteten, Fisch, Geflügel und Fleisch in Aspik, überbackenes Fleisch, kleine Fleischklößchen, kleine Beefsteaks, kleine Koteletts. Dann folgt das rituelle Eintauchen des Brotes in den Sud im Kochtopf. Um den Magen zu beruhigen und ihn für weitere Anstrengungen bereitzumachen, verzehrt man ein mildes und duftendes Püree. Dann folgt der Weihnachtsschinken mit Zubehör, und nachdem der Weihnachtsschinken endlich kommentiert und mit dem Weihnachtsschinken der früheren Jahre verglichen worden ist, kommt die Reihe an den Kabeljau, den man ebenfalls für gesund und nützlich hält. Zum Kabeljau trinkt man einen weißen Bordeaux, der wiederum auf einen fülligen Burgunder Lust macht und auf ein knuspriges, frisch gebratenes Schneehuhn.

Auf all das kommen obendrauf noch Reisbrei, das Obstkompott und das Weihnachts-Mandelgebäck. Alle reden durcheinander, niemand hört zu, dann und wann erhebt sich einer der drei Brüder Ekdahl und hält eine Ansprache in Versen oder stimmt ein Lied an.

Man trinkt Branntwein, Weihnachtsbier, Weißwein, Rotwein, Madeira, Punsch und Cognac. Alle schreien durcheinander, nur Fräulein Vega und Fräulein Ester sitzen steif und stumm da. Sie sind der Meinung, der Heilige Abend sei der quälendste Tag des Jahres. Sie halten es für unpassend, daß Bedienstete auf diese Weise mit Herrschaften zusammengemischt werden. Fräulein Vega und Fräulein Ester sind schon seit mehr als vierzehn Jahren gezwungen, diese unwürdige Mahlzeit zu durchleiden, die Fräulein Vega überdies eigenhändig zubereitet hat.

Professor Carl Ekdahl lenkt Alexanders Aufmerksamkeit auf sich; sein Gesicht ist rot, und er schwitzt heftig. Die blauen Augen sind talgig und schielen leicht hinter dem goldgeränderten Pincenez. Alexander wiederum gibt Fanny und Jenny, die von Limonade und Weihnachtsstimmung leicht berauscht sind, Zeichen. Der Professor erhebt sich vorsichtig vom Tisch und entschuldigt sich mit einer Verbeugung, verschwindet bei der Tür zur Anrichte um die Ecke. Alexander, Fanny und Jenny stehlen sich unbemerkt davon. Mit erwartungsvoller Miene folgen sie Onkel Carl auf den Fersen. Professor Ekdahl trägt in jeder Hand eine brennende Kerze, die er draußen auf dem Flur Fanny und Jenny gibt.

Lautlos öffnet er die Tür zu dem geräumigen Treppenhaus mit den Deckenmalereien und spielenden Amoretten, den roten Teppichen und den Messingbeschlägen, den mit Marmor verkleideten Wänden und den Fenstermosaiken, in dem jedes Geräusch ein deutliches Echo wirft.

Onkel Carl gebietet den Kindern mit einer Handbewegung zu schweigen. Ein wenig schüchtern löst er seine Hosenträger und knöpft Hose und Unterhose auf und zieht sie herunter. Die Gesichter der Kinder sind blaß vor Erwartung. Professor Ekdahl beugt sich leicht nach vorn, legt die Hände auf das Treppengeländer und furzt. Wie durch ein Wunder entsteigt dem fetten Hintern Onkel Carls eine Reihe der fülligsten Orgeltöne. Ein gewittergleicher und sozusagen bebender Donnerschlag bildet den Abschluß. Jetzt halten Fanny und Jenny ihre brennenden Kerzen einige Zentimeter vom Hinterteil des Professors entfernt. Ein Augenblick höchster Spannung. Dann donnert ein scharfer Kanonenschuß durch das Ekdahlsche Treppenhaus. Die Flammen der Kerzen flackern und erlöschen.

## 3

Während wir das schöne Bild vom Weihnachtsessen in der Ekdahlschen Küche betrachten, werde ich vom Umgang der Familienmitglieder miteinander erzählen.

Was zunächst ins Auge fällt, ist die zärtliche Aufmerksamkeit. Man faßt sich gegenseitig an, schüttelt sich, schlägt sich gegenseitig auf den Rücken, streichelt, klopft und umarmt einander, man küßt sich mit Entzücken ab, man gibt sich große, nasse Schmatze, man hält sich an den Händen, sieht einander in die Augen, fährt sich gegenseitig durch das Haar. Man streitet gern und dramatisch, weint und schimpft und sucht Bundesgenossen, aber man versöhnt sich ebenso gern unter heiligen Schwüren und Zärtlichkeitsbezeugungen; und das eine ist ebenso aufrichtig wie das andere.

Die Kinder sind trotz der Erziehungsprinzipien der Zeit in die Ekdahlsche Liebe einbezogen. Sie leben in einer schützenden Hülle körperlicher Zärtlichkeit. Sogar Frau Helena kann vor allem gegenüber den Enkelkindern leidenschaftliche Ergebenheit an den Tag legen. Aber auch die Söhne und die nahen Freunde kommen gelegentlich in den Genuß der sinnlichen Liebenswürdigkeit der alten Dame. Den Schwiegertöchtern gegenüber ist sie gleichwohl ein wenig zurückhaltend und stuft ihre Liebesbezeugungen gern auf raffinierte Weise ab.

Man lebt nahe beieinander, teilt Freud und Leid, streitet und liebt. Die Gastwirtschaft und das Theater sind natürlich Ergebnisse des Tätigkeitsdrangs der Familie. Nicht einmal im Sommer mag man sich trennen. Oscar der erste Ekdahl baute vier prächtige Sommerhäuser auf einer Landzunge draußen in der Gegend der Buchten in der Nähe des offenen Meeres. Dort genießt man die Freuden der Jahreszeit ohne gestärkte Kragen und Korsetts, in ungebügelten Leinenanzügen, wogenden Gewändern und breitkrempigen Sonnenhüten. Die üppig grünende Landzunge hallt von Rufen und Lachen wider, die Fahnen knattern im Sonnenwind, irgendwo jault eine Geige in einem offenen Fenster, eine Harke kratzt auf dem Kies des Sandweges, ein Hund bellt, die Ekdahls feiern in Paris den Sommer.

Das Weihnachtsessen ist beendet, und es wird getanzt. Man faßt sich bei den Händen und tanzt durch das Zimmer, singt, stampft und schwitzt. Der Tanz wird, wie es Tradition ist, von Frau Helena angeführt, deren kunstvolle Frisur in Unordnung gerät. Mit der einen Hand hält sie Fanny fest, mit der anderen hat sie mit einem festen Griff ihre weiten Röcke gerafft und entblößt die elegantesten Fesseln in Seidenstrümpfen mit eingewebten Blumen und Schmetterlingen. Auf Fanny folgt das Kindermädchen Maj, singend und kichernd, dann kommt Gustav Adolf mit schweißglänzenden Wangen. Im Schutz des allgemeinen Lärms macht er dem Kindermädchen unanständige Angebote. Auf Gustav Adolf Ekdahl folgt eine lange Reihe von Kindern, die soviel Lärm wie nur irgend möglich zu machen versuchen. Dann kommen der Professor und seine Frau sowie Fräulein Ester und Fräulein Vega und Alida und Berta und Siri und Lisen. Es folgt Oscar Ekdahl, der ein wenig blaß, aber dennoch fröhlich aussieht, sowie Emilie und Alma, die mit lauter Stimme, aber ohne Bosheit, das Anbandeln des Ehemannes mit dem Kindermädchen kommentiert. Es schließen sich an Isak Jacobi, der sich den anstrengenden Riten der Familie resignierend unterwirft, und schließlich die dicke Petra, die nicht singt, weil sie zuviel gegessen hat. Der Tanz geht durch beide Wohnungen, die Flurtüren und die Tapetentür sind weit geöffnet, der Fußboden erbebt, das Haus erzittert, und die Kristalleuchter klirren. Lachend und schnaufend läßt man sich schließlich in Frau Helenas Salon nieder. Der Weihnachtsbaum wird von behutsamen Händen vom Erker an die breite Türöffnung zum Eßzimmer hin umgestellt.

Oscar Ekdahl hat die Familienbibel geholt, er setzt sich auf den Absatz, auf dem der Weihnachtsbaum gestanden hat. Eine feierliche Stimmung bemächtigt sich der Anwesenden. Oscar holt seinen goldenen Füllfederhalter hervor und öffnet das große Buch. Das Weihnachtsevangelium soll verlesen werden, aber zunächst müssen die wichtigsten Ereignisse des Jahres in der Familienbibel auf eines der Vorsatzblätter geschrieben werden, die die Aufzeichnungen aus den früheren Jahren (seit 1869, als

Oscar der erste, Ekdahl die junge Schauspielerin Helena Mandelbaum heiratete) enthalten.

Es setzt eine mit leisen Stimmen geführte Diskussion darüber ein, was wichtig und was weniger wichtig gewesen sein könnte. Fanny, die von Jenny unterstützt wird, plädiert zum Beispiel dafür, daß man den Tod der Katze Ajax für bedeutungsvoll halten sollte, für ein trauriges Ereignis, das man festhalten müsse.

Onkel Carl bittet rücksichtsvoll um eine Notiz für die betagte Tante Emma, die ebenfalls dahingeschieden ist; einige halten das Dahinscheiden Tante Emmas für wichtiger als das der Katze, andere sind entgegengesetzter Meinung. Oscar schlichtet den Zwist und notiert den Tod beider.

## 4

Im Kinderzimmer herrschen Chaos und Aufregung. Aus Tradition verbringt Jenny die Nacht zum ersten Weihnachtstag bei den Cousinen. Amanda, die seit über einem Jahr in einem eigenen Zimmer wohnt, hat Matratze und Decken zu den anderen Kindern hineingeschleppt. Man hat die Weihnachtsgeschenke um die Betten herum gelegt, um sie am nächsten Morgen sofort zur Hand zu haben. Im Augenblick ist eine Kissenschlacht im Gang. Sogar Maj ist hineingezogen worden; die Kinder tragen lange, weiße Nachthemden, nur Alexander nicht, sein Hemd ist kniekurz und hat um Manschetten und Hals rote Borten. Alle brüllen durcheinander. Maj, die ein wenig beschwipst ist, schreit am lautesten. Ein Kissen geht kaputt und verbreitet einen Schneefall aus lauter kleinen Federn. Amanda ergreift die Gelegenheit, den Tanz der Schneeflocken zu tanzen, und begleitet sich selbst im hohen Falsett. Jenny rennt zwischen Waschraum und Kinderzimmer hin und her, gejagt von Maj. Sie ruft um Hilfe.

Emilie und Alma kommen, um gute Nacht zu sagen. Maj unternimmt kichernd einen verlegenen Versuch, die Federn mit einem Handfeger zusammenzuschaufeln, aber der Versuch mißlingt. Man einigt sich darauf, alles über Nacht so zu lassen, wie es ist. Emilie zündet eine kleine Nachtlampe unter einer rosafarbenen Kuppel an und stellt sich hinter ein dreigeteiltes Weihnachtstransparent, das auf dem hohen weißen Sekretär steht. Dann wird die elektrische Beleuchtung gelöscht. Die Flamme flackert hinter den heiligen Bildern: links sind die drei Weisen aus dem Morgenland zu sehen, die dem Stern folgen, rechts die Hirten auf der Weide und die Verkündigung der Engel, in der Mitte Maria mit dem Kind und Josef im Stall, alles mit größter Natürlichkeit und großem Farbenreichtum gezeichnet und gemalt.

Man kann nicht behaupten, das Ekdahlsche Haus sei sehr religiös; allenfalls religiös in sehr konventioneller Hinsicht. Man spricht mit den Kindern ein Nachtgebet, geht zum Gottesdienst im Dom, wo der Bischof predigt, und leistet sich allgemeine und vage Vorstellungen von einem freundlichen, aber weit entfernten Gott, der alles zum Besten ordnet, jedenfalls auf lange Sicht. Das Nachtgebet der Kinder ist ziemlich kurz und standardisiert. Es wird mit hoher Stimme im Chor gesprochen, wobei man mit gefalteten Händen vor dem Bett kniet: Danke, lieber Gott, für den ganzen Tag, hilf mir, ein liebes Mädchen (bzw. Junge) zu werden. Laß den Engel die ganze Nacht bei mir bleiben. Lieber Gott, behüte Vater und Mutter und Großvater und Großmutter, mich selbst und meine Geschwister und meine Cousinen, Onkel und Tanten, Fräulein Vega, Fräulein Ester, Maj, Siri und Berta, Alida und Lisen, und Onkel Isak und alle Menschen. Amen.

Nachdem das Nachtgebet in rasender Geschwindigkeit abgefeuert worden ist, wirft man sich ins Bett und wird von der wohlduftenden Emilie und Tante Alma, die wie frischgebackenes Brot riecht, umarmt und abgeküßt. Das Gute-Nacht-Küssen und das Gute-Nacht-Umarmen ist ein umständliches Ritual, das in einer Mischung aus Tradition und Improvisation verläuft. Dann entfernen sich die beiden Mütter Hand in Hand, lachend und redend.

Aus Großmutters Wohnung sind Musik und Gesang zu hören, aber ziemlich leise. Tante Lydia singt, und Papa Oscar begleitet sie auf dem Flügel. Plötzlich ist es still im Kinderzimmer; die Straßenlaternen schicken schmale Lichtstreifen zur Decke, die Nachtlampe hinter dem Transparent flackert, die Figuren werden fast lebendig; es ist, als bewegten sie sich und als flüsterten sie miteinander. Jenny hat sich den Mittelfinger und den Zeigefinger in den Mund gesteckt, Fanny drückt ihre zerschlissene Babydecke gegen die Wange, liegt da und blinzelt zum Transparent hin, Alexander liegt mit den Händen unter dem Kinn auf dem Bauch, neben sich hat er einen braunen, mißhandelten Teddybär, der Baloo heißt; Maj hat Baloo einmal einen Anzug genäht, der den abgemagerten, schmalen Körper zusammenzuhalten scheint; dem Bären fehlen die Ohren, und der Kopf ist lose und wackelt. Amanda sitzt zusammengekauert auf ihrer Matratze, hat die Bettdecke um die Schultern gezogen und blättert langsam in einem großen Buch, das sie als Weihnachtsgeschenk erhalten hat. Auf jeder Seite ist ein hübsch koloriertes Bild zu sehen, das eine berühmte Tänzerin oder einen Tänzer zeigt; der Text ist russisch. In dem schwachen Lichtschein der Nachtlampe sehen die Gestalten unfaßbar lieblich aus, und Amanda liebt sie heftig und voller Sehnsucht. Ein Windstoß fährt durch die Straße, es heult leise im Kachelofen, in dem die Reste des abendlichen Feuers noch immer hinter den runden Löchern der Eisluken glühen; es sieht aus, als glitzerten dort in der dunklen Ecke rote Augen. In den Kronen der großen

Bäume des Stadtparks raunt es. Dann wird es still. Drüben in Großmutters Wohnung singen alle gemeinsam. Es klingt schön, aber ein bißchen traurig.

Freut Euch des Lebens,
weil noch das Lämpchen glüht,
pflücket die Rose,
eh' sie verblüht...

Plötzlich geht die Tür auf, die zum Schlafzimmer der Eltern hin nur angelehnt ist. Das elektrische Licht geht an, und Maj stürzt herein. Das rote Haar ist gekämmt und zu einem dicken Knoten hochgesteckt; sie trägt ein klarblaues, elegantes Abendkleid, Seidenstrümpfe und Schuhe mit hohen Absätzen. Sie hebt die weißen Arme zur Decke und tanzt hinkend mit Drehungen und kleinen Hüpfern. Sie ist wild vor Freude.

MAJ Guckt mal, was ich zu Weihnachten bekommen habe. Guckt mal, was ich von Frau Ekdahl bekommen habe, es ist nicht zu fassen! Bin ich nicht *wahnsinnig* schön, bin ich nicht schön, ich sehe doch aus wie eine Dame, bin ich nicht wunderbar, bin ich nicht fein?

Sie dreht sich, lacht und flüstert. Dann löscht sie das Licht und umarmt Alexander.

MAJ *flüsternd.* Heute nacht darfst du nicht in meinem Bett schlafen, ich bekomme nämlich Besuch, verstehst du, und ich kann nicht beliebig viele Männer im Bett haben, das wirst du doch verstehen. Aber du bist auf jeden Fall Majs Liebling, das weißt du doch.

Alexander erwidert die stürmischen Zärtlichkeitsbezeugungen Majs mit Kühle und legt sich mit dem Kopf zur Wand platt auf den Bauch.

Maj kichert wegen der Eifersucht ihres Anbeters leise in sich hinein und trippelt auf Zehenspitzen hinaus.

Es wird wieder still. Aus Großmutters Wohnung hört man Stimmen und Gelächter; die große Salonuhr schlägt viele Male und erhält sofort Antwort vom Dom und der Dreifaltigkeitskirche, die noch mehr Schläge schlagen, erst die Viertelstunden, dann die Stunden; der Raum klingt und schwirrt, näher und weiter weg, je nachdem, wie der Wind mit den Klängen spielt. Dann wird es still, seltsam still.

Alexander weiß nicht so genau, ob er eine Weile geschlafen hat. Vielleicht hat er tatsächlich geschlafen. Im ganzen Haus ist es still. Auf der Straße ist es still, Jenny und die Geschwister scheinen tief zu schlafen, und die Tür zum Schlafzimmer der Eltern ist geschlossen.

Er fühlt, daß der Augenblick da ist; er kann nicht bis zum nächsten Tag warten, denn dann ist es außerdem noch hell und die Bedingungen sehr viel schlechter. Er klettert vorsichtig aus dem Bett, setzt Baloo auf das Kissen, klettert über Amanda hinweg, die mit ihrem Buch im Arm eingeschlafen ist. Die Nachtlampe leuchtet schwach hinter dem Transparent, die Schatten bewegen sich gemächlich über die Wände hin und oben an der Decke. Alexander kann deutlich die Laterna Magica sehen. Sie steht auf dem großen weißen Tisch mitten im Zimmer. Das lackierte Blech zeichnet sich vor dem hellen Sekretär deutlich ab, das Messing des Objektivs glänzt. Alexander spürt ein heftiges Saugen in der Magengrube; ihn friert, aber nicht, weil es im Kinderzimmer kalt wäre; es ist ein Frösteln, das tief in der Brust sitzt, fast außen an den Schulterblättern. Er legt die Hände auf den merkwürdigen Apparat. Er ist hoch und schmal und endet in einem kleinen Schornstein. Er öffnet eine Luke im Kasten unter dem Schornstein und zieht eine Spirituslampe heraus, hebt das Glas ab und zündet ein Streichholz an. Jetzt leuchtet der Docht mit einem flammenden starken Licht. Er setzt das Lampenglas fest und regelt die Lichtstärke, schiebt die Lampe ins Gehäuse und macht die Luke wieder zu. Ein guter Duft nach Brennspiritus und warmem Blech verbreitet sich sofort im Raum. Er dreht den Apparat um, so daß das Objektiv auf die helle Tapete über seinem Bett zielt. Dort ist er jetzt, der magische Kreis, er dreht an einer kleinen Schraube auf der Linse: die Ränder des Kreises werden sofort messerscharf. Alexanders Hände zittern vor Erregung; er muß mal pinkeln und schwitzt im Nacken; das Herz klopft so laut, daß das ganze Haus wach werden müßte. Neben der Laterna Magica steht eine mit blauem Stoff bezogene Holzkiste. Auf dem Deckel befindet sich ein Bild, das eine Familie darstellt, die eine Vorstellung mit der Laterna Magica betrachtet. Alle tragen altertümliche Kostüme, und die Herren haben alle Haarflechten mit Rosetten. Der Vorführer ist eine scheußliche Figur mit hervorspringenden Augen, großen Zähnen und einem unangenehmen, lüsternen Grinsen auf den fleischigen Lippen. Neben ihm steht eine fette Dame in rotem Mantel und kurbelt an einer Drehorgel. Das Publikum ist empört; ein Kind wird weinend in ein anderes Zimmer getragen, die Mutter dreht sich in der Türöffnung um und wirft einen sehnsuchtsvollen Blick auf das stürmische Meer, das sich auf der Wand abzeichnet.

Alexander hat den Deckel geöffnet. In der Schachtel steht eine lange Reihe von Glasbildern, bestimmt zwanzig. Vorsichtig pult er eines heraus und steckt es in den Halter hinter dem Objektiv der Laterna Magica. Auf der Wand hinter seinem Bett wird sofort ein Raum mit Säulen und hohen Fenstern sichtbar, durch die ein scharfer Mondschein auf ein weißes Bett fällt. Eine junge Frau streckt sich behaglich auf dem Bett aus.

ALEXANDER *in halb singendem, leisem Tonfall:* Da liegt sie, das schöne Mädchen, die arme Arabella; sie weiß nicht, was sie erwartet. Sie ist allein, sie ist allein im ganzen

Haus, – oh – oh! Ihre Mutter ist tot und ihr Vater treibt sich mit unredlichen Kumpanen herum. Oh! Oh! Oh!

Fanny ist durch Alexanders monotones Daherbeten des Textes aufgewacht. Sie ist aufgestanden, tapst herzu und stellt sich dicht neben ihn, verzaubert und erschreckt von dem schönen Bild und dem dumpfen Tonfall Alexanders.

Das Glasbild besteht aus zwei Scheiben, die so zusammengefügt worden sind, daß sie unabhängig voneinander bewegt werden können. Alexander hält das Bild des schlafenden Mädchens mit der einen Hand fest; mit der anderen schiebt er langsam die hintere Scheibe nach vorn. Da tritt das Wunder ein: auf den Mondstrahlen schwebt eine durchsichtige Gestalt in einem weißen, fußlangen Gewand; ihr Gesicht ist bleich, aber überirdisch schön, und sie trägt einen Stab in der Hand, der vor lauter Sternenlichtern knistert.

ALEXANDER Wer kommt da, da die Uhr des Schloßturmes zwölfmal schlägt? Ich habe Angst – oh! Oh – was ist das für eine entsetzliche weiße Gestalt, die sich auf den Strahlen des Mondes meinem Bett nähert! Oh! Das ist meine tote Mutter! Das ist der Geist meiner Mutter! Kommst du, um –

Jenny ist mit einem Schrei des Entsetzens aufgewacht.

Alexander hat gerade noch Zeit, den Schornstein abzupulen, die Spirituslampe auszublasen und ins Bett zu kriechen, da geht schon die Tür auf, und Emilie zeigt sich im Nachthemd und mit wehenden Haaren – dem Geist des Lichtbildes nicht ganz unähnlich. Dies erschreckt Jenny zu neuem Geheul. Amanda wacht auf und grunzt. Fanny und Alexander liegen unbeweglich. Jenny kauert sich zusammen und versucht zu erklären, über Alexanders Bett habe sich an der Wand ein Gespenst gezeigt.

Emilie nimmt sie in den Arm und versichert ihr, es gebe keine Gespenster und sie dürfe für den Rest der Nacht in Mamas Bett schlafen. Sie hebt das Kind auf, das noch immer jammert, und trägt es zum Schlafzimmer. Die Tür wird zugemacht, aber Alexander hört, daß die Mutter mit dem Vater spricht, der brummelnd antwortet.

EMILIE Im Kinderzimmer riecht es nach Brennspiritus.
OSCAR *schläfrig.* Brennspiritus?
EMILIE Ja, es riecht nach Brennspiritus.
OSCAR *nach einer Pause.* Im Kinderzimmer gibt's doch wohl keinen Brennspiritus.
*Pause.*
Ich will mal nachsehen, was das sein könnte.

Gekeuche und Gewälze, das Bett knarrt, die Mutter spricht tröstend auf Jenny ein, die sich beruhigt zu haben scheint. Die Tür geht auf, Oscar tritt ein; er ist in Nachthemd, Pantoffeln und einen langen, grünen, sehr abgetragenen Morgenmantel gewandet, der nach Rauchtabak duftet. In der Hand hält er ein Glas Rotwein.

OSCAR Es riecht wirklich nach Brennspiritus.

Er tritt über die Schwelle, schließt die Tür hinter sich.

OSCAR *flüsternd.* Schlaft ihr, ihr verdammten Gören?

Alexander und Fanny richten sich sofort in den Betten auf. Kichern erwartungsvoll. Amanda dreht sich im Schlaf.

OSCAR Was treibt ihr eigentlich?

Er tapst herum, setzt sich auf einen niedrigen Kinderzimmerstuhl, nippt am Wein und schmatzt. Er ist leicht berauscht und guter Laune. Plötzlich steht er auf, nimmt den Stuhl, auf dem er gesessen hat, in die linke Hand, hebt ihn hoch in die Luft, zeigt ihn den Zuschauern.

OSCAR Das hier ist ein Stuhl, aber kein beliebiger Stuhl. Er sieht zwar aus wie ein einfacher Kinderzimmerstuhl aus Holz, ziemlich abgewetzt und anspruchslos, aber der Schein trügt. Dies ist nämlich der kostbarste Stuhl der Welt; er gehört dem Kaiser von China und ist auf seltsame Weise im Ekdahlschen Kinderzimmer gelandet. Aber paßt auf, meine Herrschaften, seht genau hin, sperrt die Äuglein auf, bitte sehr! Vielleicht seht ihr das geheimnisvolle Licht, das von dem kleinen Stuhl ausgeht. Genau das, er leuchtet aus sich selbst heraus. Seht nur, wie er im Dunkeln leuchtet. Und jetzt frage ich euch, meine Kinder:
*Warum leuchtet dieser Stuhl, warum schimmert er in der Dunkelheit?*
Das will ich euch gleich erzählen, aber vergeßt nicht, daß es ein Geheimnis ist, und der, der die Lösung des Rätsels verrät, ist des Todes! Schwört ihr zu schweigen?

ALEXANDER UND FANNY Wir schwören zu schweigen!

OSCAR Nicht so laut! Nicht so laut. Mutter kann uns hören, und das ist das Ende der Vorstellung.

Oscar stellt den kleinen Stuhl auf den Tisch neben die Laterna Magica und die anderen Weihnachtsgeschenke. Er streicht mit der Hand über ihn, nimmt einen tiefen Schluck Rotwein.

OSCAR Das hier ist der kostbarste Stuhl der Welt. Er ist aus einem Metall hergestellt, das es nur neunundfünfzigtausend Meter tief unter der Erde gibt, und das nur in China. Es sieht aus wie Kristalle aus Diamant, ist aber unendlich viel feiner, kostbarer, seltener. Der Stuhl wurde vor dreitausend Jahren vom Hofjuwelier des Kaisers hergestellt, und zwar als Geburtstagsgeschenk für die Kaiserin. Die Kaiserin war sehr klein, nicht größer als Fanny, aber sie war die schönste Frau der Welt. Sie saß ihr ganzes Leben auf diesem Stuhl; zwei

Diener folgten ihr, wohin sie auch ging. Sie trugen den Stuhl zwischen sich. Als die Kaiserin starb, wurde sie auf diesem Stuhl sitzend begraben. Zweitausend Jahre lang saß sie da in ihrer Grabkammer, und der Stuhl schimmerte in der Dunkelheit und leuchtete durch die kleine Gestalt der Kaiserin hindurch. Dann kam eine Verbrecherbande und brach in das Grab ein, stieß die Kaiserin herunter, die sofort zu Staub verwandelt wurde, und raubte den Stuhl. Jetzt gehört er euch! Er gehört euch, der kostbarste Stuhl der Welt, paßt auf ihn auf. Er ist sehr empfindlich, er geht leicht kaputt, das Metall, das Milliarden Jahre lang gelebt hat, neunundfünfzigtausend Meter unter der Erde, ist der Menschen müde geworden. Es kann, genau wie die Kaiserin, zu Staub zerfallen, wenn ihr nicht auf ihn aufpaßt. Faßt ihn vorsichtig an, sitzt vorsichtig auf ihm, sprecht mit ihm und atmet ihn mindestens zweimal am Tag an.

Oscar verneigt sich mit dem Finger im Mund und stiehlt sich vorsichtig in die Garderobe neben Fannys Bett. Der Stuhl bleibt auf dem Tisch stehen. Er schimmert. Nach einem Augenblick ist der Vater zurück; er hat sich jetzt den Morgenmantel über den Kopf gezogen und sich einen schurkenhaften Gesichtsausdruck zugelegt. Er tapst im Zimmer umher, sieht sich mit bösen Augen um, bleibt vor dem Kinderzimmerstuhl stehen, der auf dem Tisch steht.

OSCAR Was für ein saudämlicher kleiner Stuhl. So abscheulich vergammelt und lächerlich. Und ungeheuer häßlich ist er auch noch.

Er faßt ihn mit der rechten Hand an (in der linken hält er noch immer das Weinglas, das inzwischen fast leer ist). Er tut so, als habe er sich an dem Stuhl weh getan.

OSCAR Au! Au! Verdammt noch mal! Ich glaube, der

verdammte Stuhl versucht mich zu beißen. Dem werde ich's aber geben!

Oscar fängt an, am Stuhl zu reißen und zu zerren. Versucht, die Rückenlehne vom Sitz zu trennen. Er wird immer wütender.

FANNY Laß den Stuhl in Ruhe!

Oscar hört sofort auf und betrachtet entzückt seine kleine Tochter, die mit wütender Miene aufrecht im Bett steht. Er stellt den Stuhl vorsichtig auf den Fußboden und setzt sich auf das Sofa, streckt sich nach dem Weinglas, das er leertrinkt. Jetzt geht die Tür zum Schlafzimmer auf.

EMILIE Seid ihr noch bei Trost? Es ist schon drei Uhr, und in zwei Stunden müssen wir aufstehen, um zum Frühgottesdienst zu gehen.

Sie versucht, Oscar vom Sofa hochzuziehen, aber statt dessen zieht er sie auf seinen Schoß. Sie legt ihm die Arme um die Schultern, und er küßt sie hinter das Ohr.

ALEXANDER Können wir nicht in Hamlet mitmachen?

EMILIE Ich weiß sehr wohl, daß ihr mit Onkel Landahl gesprochen habt. In der Sache sind es aber Vater und ich, die bestimmen.

OSCAR Mutter bestimmt.

EMILIE Es wird viel zu spät für kleine Kinder, die am Tag danach zur Schule müssen.

FANNY Wir können doch Pagen im ersten Akt sein.

EMILIE Wenn ihr im letzten Akt nicht dabei seid, könnt ihr auch im ersten Akt nicht dabei sein.

ALEXANDER Im ersten und im letzten Akt kann es trotzdem nicht dieselben Pagen geben, denn es sind mindestens drei Jahre vergangen.

AMANDA Ich kann im ersten Akt Page sein und Hofdame im letzten.

ALEXANDER So kleine Hofdamen gibt es nicht einmal in Dänemark.

AMANDA Die Prinzessinnen wurden damals mit zwölf Jahren verheiratet, also hat es doch wohl auch kleine Hofdamen geben können!

EMILIE Kein Gezeter mehr! Drei Pagen im ersten Akt unter der Bedingung, daß alle Schularbeiten gemacht sind, daß es nach den Hofszenen auf dem kürzesten Weg nach Hause geht. Und kein Theater am nächsten Morgen beim Aufstehen.

Amanda, Fanny und Alexander erklären sich mit einer solchen Abmachung einverstanden und zufrieden; die Eltern geben ihnen Gute-Nacht-Küsse. Als sie endlich das Zimmer verlassen wollen, stellt Alexander sich in seinem Bett auf.

ALEXANDER

Morgen, und Morgen, und dann wieder Morgen, kriecht
so mit kleinem Schritt von Tag zu Tag. Zur letzten
Silb' auf dem Lebensblatt; und alle unsere Gestern
führten Narren den Pfad des stäub'gen Tods. –
Aus! Kleines Licht! – Leben ist nur ein wandelnd
Schattenbild; ein armer Komödiant, der spreizt und
knirscht sein Stündchen auf der Bühn',
und dann nicht mehr
vernommen wird;
ein Märchen ist's, erzählt
von einem Dummkopf, voller Klang und Wut,
das nichts bedeutet. –

Das Publikum applaudiert. Die Tür zum Schlafzimmer wird zugemacht. Es wird einige Augenblicke lang still.

FANNY Wann hast du denn das gelernt?

ALEXANDER Ich kann die Rolle. Habe vor, als Macbeth zu debütieren.

AMANDA *Du!*
ALEXANDER Stell' dir vor, das werde ich.
*Pause.*
Du Plattfuß-Pavlova.

5

Frau Helena und Isak Jacobi halten gemeinsam Weihnachtswache. Das ist Tradition geworden, so wie vieles andere im Ekdahlschen Haus. Jetzt sitzen sie auf Großmutters Sofa, alle Lampen sind gelöscht, die Kerzen im Weihnachtsbaum sind heruntergebrannt, das Feuer raunt im offenen Kamin, einige kleine Spiegellämpchen verbreiten einen beherrschten, farbigen Schimmer in dem stillen Raum. Frau Helena hat allen Prunk abgelegt und sich einen violetten Morgenmantel angezogen, einen grauen Wollschal und große rote Pantoffeln. Für die Nacht hat sie ihr Haar zu einem dicken Zopf geflochten. Isak hat den Gehrock ausgezogen und eine große weiche Wolldecke um die Schultern gelegt. Die Schuhe stehen unter einem Stuhl.

HELENA Siehst du, jetzt habe ich richtig starken Kaffee gekocht, viel besser als diese scheußliche Plörre von Fräulein Vega.
*Isak nickt anerkennend und verneigt sich.*
Wie spät es wohl ist? Zehn Minuten nach drei. Wir können noch zwei Stunden sitzen, dann muß ich mich für den Frühgottesdienst umziehen. Den Kaffee danach wollen wir in diesem Jahr unten bei Gustav Adolf trinken. Du kannst dich hinlegen und dich schön ausschlafen, mein lieber alter Isak, aber du darfst das Essen bei Carl und Lydia auf keinen Fall vergessen. Im

letzten Jahr hast du verschlafen. Du sagtest, du seist erkältet, aber du hattest verschlafen.

*Seufzt.*

Wie schön, dich hier zu haben! Was würde ich ohne dich nur machen.

*Isak nimmt ihre Hand und tätschelt sie.*

Letztes Jahr fand ich, daß Weihnachten Spaß machte, in diesem Jahr möchte ich am liebsten nur weinen. Wahrscheinlich werde ich allmählich alt. Findest du, daß ich alt geworden bin?

ISAK Du bist älter geworden. Das bist du.

HELENA Das habe ich mir gedacht. Ich möchte am liebsten nur weinen. Obwohl es mit den Enkeln natürlich Spaß macht. Ich finde, Oscar sieht schlecht aus. Er arbeitet zuviel, er macht sich kaputt für dieses verflixte Theater. Und was ist das für eine Idee, daß er den Geist spielen soll! Sie können schließlich jemand engagieren, für die Rolle, jeden x-Beliebigen. Er sollte sich schonen, außerdem ist er wirklich ein entsetzlich schlechter Schauspieler. Ich frage mich gerade, ob Emilie klar ist, daß er nicht sehr gut beieinander ist und Ruhe braucht. Ich glaube, ich werde mit ihr sprechen. Er ist natürlich tüchtig, tüchtig und gewissenhaft. Stell' dir vor, Isak, das Theater trägt sich und wirft einen kleinen Überschuß ab. Ist das nicht schön! Vor einigen Jahren mußte ich noch mindestens fünfzigtausend Kronen pro Jahr zuschießen. Das hat natürlich nichts ausgemacht, aber Oscar fand es immer so peinlich, mich um Geld zu bitten, obwohl er das Geld nie für sich selbst verbrauchte. Das tut dagegen Carl. Jetzt hat er mich schon wieder um ein Darlehen gebeten, aber ich habe nein gesagt. Wenn er zu dir kommt und etwas leihen will, mußt du auch nein sagen. Versprich mir das, Isak!

ISAK *nickt abwesend.* Ja. ja.

HELENA Ich verstehe gar nichts mehr. Immer wieder

sorge ich dafür, daß seine Verhältnisse in Ordnung kommen, und nach einem Jahr steckt er schon wieder in der Klemme. Er sagt, er gehe nicht zu einem Wucherer, ich weiß nicht. Weißt du?

ISAK Ich weiß nichts.

HELENA Dieses schreckliche deutsche Mensch, mit dem er verheiratet ist. Sie schminkt sich wie eine Dirne. Ich begreife nicht, wie Carl bei dieser Frau hängenbleiben konnte. Es muß was Erotisches sein, was glaubst du, Isak?

ISAK Was hast du gesagt? Erotisch. Jaha, ja, vielleicht etwas in der Richtung, ja.

HELENA *schlägt ihn auf die Hand.*
Du hörst nicht zu, wenn ich was sage.
*Trinkt etwas Cognac.*
Das macht nichts. Hauptsache, du leistest mir Gesellschaft.
*Seufzt, denkt lange nach, lacht.*
Carl und Gustav Adolf sind übererotisch, das haben sie von ihrem Vater geerbt. Der war übererotisch. Es ist nicht so, daß ich mich beklage, glaub' nur so was nicht, lieber Isak.
*Isak macht eine kleine Geste.*
Er war unersättlich. Ich fand zwar, daß es ein bißchen zuviel des Guten wurde, aber ich habe mich nie verweigert. Gustav Adolf ist am schlimmsten. Ich habe mit Alma gesprochen, und sie sagt sehr klug, daß ihr seine Seitensprünge egal sind, weil er der liebste und tüchtigste Ehemann der Welt ist. Ein Glück, daß Alma so gutmütig ist. Man sollte wohl dieses kleine Ding – Maj oder wie sie heißt – vielleicht warnen. Schrecklich süß, muß ich sagen, und gut zu den Kindern, schöne Farben, niedliche Figur, schade, daß sie hinkt, die Ärmste. Aber ich werde mich nicht einmischen. Wenn man sich nicht einmischt, dann braucht man sich auch nicht aus

der Affäre zu ziehen, hat meine Großmutter immer gesagt. Schläfst du?

ISAK *wacht auf.* Nein.

HELENA Na schön. Carl und Gustav Adolf haben zuviel mitbekommen, und Oscar gar nichts. Was für eine Tragödie für eine warmblütige junge Frau. Als Emilie mit Fanny schwanger ging, hat sie mir alles erzählt. Armes Mädchen! Ich muß sagen, sie hat ihre Angelegenheiten auf außerordentlich taktvolle Weise bewältigt. Oscar und Emilie sind einander sehr herzlich zugetan, es ist trotz allem eine glückliche Ehe.

ISAK – Eine glückliche Ehe.

HELENA Bist du traurig, weil du alt geworden bist, Isak?

ISAK Nein. Es hat den Anschein, als würde alles schlimmer werden. Das Wetter wird schlimmer, die Menschen werden schlimmer, die Maschinen, die Kriege. Die Grenzen werden gesprengt, und all das Unsägliche breitet sich aus und kann nicht mehr gestoppt werden. Dann ist es gut, tot zu sein.

HELENA Du bist ein schrecklicher alter Weltverächter, Isak. Das bist du immer gewesen. Ich bin überhaupt nicht deiner Meinung.

ISAK Nein, nein, Gott sei Dank dafür.

HELENA Trotzdem will ich weinen. Findest du es unangenehm, wenn ich ein bißchen weine?

*Sie versucht zu weinen.*

Nein, mein Gott, es geht nicht. Es wird nichts. Ich werde wohl ein bißchen mehr Cognac trinken müssen.

Frau Helena nippt vorsichtig an ihrem Glas, fängt plötzlich an zu lachen, streckt sich und lacht.

ISAK Worüber lachst du?

HELENA Ich denke an Oscar, also an meinen Mann. Du und ich, wir haben mal auf diesem Sofa gesessen und uns wie die Wahnsinnigen geküßt. Du hattest meine

Bluse aufgeknöpft, ich glaube sogar, auch deine Hosen, ich weiß nicht mehr so genau. Und dann wird der Vorhang zur Seite gezogen, und da steht Oscar.
*Lacht.*
Es war genau wie in irgendeinem Stück von Feydeau. Ich schrie, und du versuchtest, dich zur Tür zu stürzen. Oscar rannte nach seiner Pistole, ich klammerte mich an seinen Beinen fest.
*Lacht.*
Und dann wurden wir Freunde fürs Leben.

ISAK Dein Mann war ein großzügiger Mensch.

HELENA *fängt an zu weinen.*
Siehst du, jetzt weine ich. Das fröhliche, schöne Leben ist zu Ende, das schreckliche, beschissene Leben stürzt sich auf uns. So ist es.
*Weint.*

Isak Jacobi zieht Frau Helena Ekdahl, geborene Mandelbaum, an sich und schließt sie in die Arme. Er streicht ihr liebevoll über Haar und Wange. Sie darf zu Ende weinen, es dauert nicht sehr lange.

HELENA Nein, mein Herr, das geht wirklich nicht an. Jetzt werde ich mich waschen, neu schminken, die Haare hochstecken und mich in das Korsett und das Seidenkleid zwängen. Eine weinende, liebeskranke Frau verwandelt sich in eine gesammelte Großmutter. Wir spielen unsere Rollen, einige spielen sie schlampig, andere spielen sie mit Sorgfalt. Ich gehöre zur letzteren Kategorie.

ISAK Gute Nacht, meine schöne Helena.

HELENA Oh, du warst ein süßer Liebhaber, du warst wie wilde Erdbeeren.

Fräulein Ester steht in der Tür, es ist schwer zu sagen, wie sie da hingekommen ist oder wie lange sie dort gestanden hat. Sie ist schwarz gekleidet und frisch gestärkt. Sie macht mit niedergeschlagenem Gesicht einen Knicks.

FRÄULEIN ESTER Frau Ekdahl, Sie wollten, daß ich Ihnen bei der Morgentoilette helfe. Es ist zehn Minuten vor fünf.

## 6

In derselben Nacht stattet Gustav Adolf Ekdahl dem Kindermädchen Maj in dessen sauberer und aufgeräumter Bodenkammer einen Besuch ab. Er bietet Champagner an, ist wohlwollend, brünstig und ein wenig berauscht. Seine Kleidung ist in Unordnung geraten: er trägt ein weißes, gestärktes Hemd, Unterhemd, lange Unterhosen und schwarze Strümpfe; er stützt sich gegen den Bettgiebel ab, das schmale, durchhängende Bett klagt. Maj hat sich in der anderen Ecke zusammengekauert; ihre rote Haarflechte befindet sich in Auflösung, ihr Unterhemd entblößt ihre helle, sommersprossige Haut. Sie kichert.

GUSTAV ADOLF Eine Konditorei an der Schloßstraße! Eigenes Backwerk, Kuchen, Torten, Kleingebäck und Konfekt. Was sagst du dazu, meine kleine Maj! Wäre das nicht was? Was? Du stehst allem vor, du bist die Chefin, du bestimmst. Noch gestern habe ich zu Alma gesagt: Sieh dir mal diese kleine Maj an. Sie ist eine Prinzessin. Was für Brüste du hast, mein Mädchen, laß mich mal richtig hingucken, nein, nein, es tut nicht weh, Jesses, du machst mich wahnsinnig! Jetzt wollen wir richtig schön vögeln, ich bin ein herrlicher Liebhaber, das sagen alle Weiber. Bei mir kriegst du Kraft und Zärtlichkeit. Laß mal den kleinen Busch sehen. Ist er genauso feuerrot wie das Haar? Kriech mal zu Onkel Gusten unter die Decke, kleines Rotkäppchen, ich bin verrückt nach dir, mein Mädchen. Das bin ich schon seit dem ersten Tag, an dem du ins Haus gekommen bist. Diese Kleine muß ich haben, habe ich mir gedacht, war wie ein Blitzschlag.

MAJ Wenn Herr Ekdahl mich erst mal auf den Rücken gelegt hat, vergißt er das bestimmt mit der Konditorei. *Kichert.*

GUSTAV ADOLF Ich schwöre, meine kleine Maja. Warte, gib mir was zu schreiben, da liegt ein Bleistift.
Jetzt schreibe ich: Maja Kling ist Geschäftsführerin meiner Konditorei, unterzeichnet Gustav Adolf Ekdahl, in der Weihnachtsnacht 1907. Das ist ein Vertrag, verstehst du, meine Kleine! Falls ich meine Versprechungen vergessen sollte, brauchst du dieses Papier nur irgendeinem Anwalt unter die Nase zu halten.

MAJ Herr Ekdahl muß aufpassen, damit ich nicht angebufft werde.

Gustav Adolf Ekdahl lacht und überschüttet das Mädchen mit Zärtlichkeiten und klatschenden Küssen. Er faßt sie an die Beine und zieht sie unter sich.

GUSTAV ADOLF Eine Unschuld bist du nicht, das steht fest. Na, was sagst du, ist Onkel Gusten nicht ziemlich nett? Hast du jemals so einen Kronprinzen gesehen, hast du jemals so ein Holzbein zu spüren gekriegt? Nicht schlecht, was? Hoppla! Verdammt noch mal! Ich glaube, die Rakete ist sofort losgegangen. Ja, ja, so was passiert! War es nicht herrlich? Was?

MAJ Herr Ekdahl, er ist ein richtiger Bock.

GUSTAV ADOLF Und Maj ist mein kleines Lamm! Gott im Himmel, ich muß mich auf den Rücken legen, ich bin völlig verschwitzt. Habe zuviel gegessen und getrunken.

MAJ Herr Ekdahl, es ist Ihnen doch nicht übel?

GUSTAV ADOLF Nein, zum Teufel – mir geht's wie einem Prinzen in einer Backstube oder vielmehr in einer Konditorei. Hahaha! Wie sollte es einem in Gesellschaft mit so 'ner hübschen Schnecke übel sein! Setz dich jetzt auf mich rauf, mein Mädchen, und steck diesen widerspenstigen Lümmel dort rein, wo er hingehört.

MAJ Herr Ekdahl ist vollkommen unmöglich.

GUSTAV ADOLF Und dann singen wir die Lustige Witwe. *Singt vor sich hin.*
»Dummer, dummer Reiter, reitet einfach weiter.« Jetzt geht's uns richtig paradiesisch schweinisch, was? *Lacht.*

MAJ *läßt ein Geheul hören.*

GUSTAV ADOLF *keucht.*

Das Bett bricht zusammen, das Bettgestell kracht zu Boden, die Bettgiebel fallen über den Liebenden zusammen. Gustav Adolf läßt ein Brüllen hören und bleibt wie ein Toter liegen. Maj ruht mit ausgestreckten Armen und mit ausgebreitetem Haar über seinem Gesicht.

MAJ Jesses, dein Herz schlägt vielleicht.

GUSTAV ADOLF Ich habe ein phantastisch gutes Herz.

MAJ Jetzt mußt du mir ein neues Bett geben.

GUSTAV ADOLF Du sollst eine Konditorei haben und eine Wohnung und schöne Möbel und ein großes kleines Bett.

MAJ Und hübsche Kleider.

GUSTAV ADOLF Keine soll schöner sein als du. Und du sollst Gustav Adolf Ekdahls Geliebte sein, und ich werde jeden Mittwoch und Sonnabend nachmittags um drei Uhr zu dir kommen.

MAJ *lacht.* Du bist dumm.

GUSTAV ADOLF Was?

MAJ Du bist dumm, sage ich.

GUSTAV ADOLF Ich bin dumm?

MAJ Ja, du bist ein richtiger Dummkopf.

GUSTAV ADOLF Ich bin doch kein Dummkopf.

MAJ Doch, das bist du, weil du dir einbildest, ich würde etwas von dir haben wollen.

GUSTAV ADOLF Was?

MAJ Verstehst du nicht, daß ich dich auf den Arm nehme?

GUSTAV ADOLF Auf den Arm nehme? Wieso auf den Arm nehmen?

MAJ Du wirst doch wohl nicht wütend.

GUSTAV ADOLF Ich werde nicht wütend, aber ich mag es nicht, wie ein Idiot behandelt zu werden. Hör auf zu lachen.

MAJ Ich finde dich so lustig.

Gustav Adolf gibt darauf keine Antwort. Er liegt still und in sich gekehrt da, dann steht er auf, rappelt sich aus dem zusammengebrochenen Bett auf, zieht sich die Unterhosen und die Hosen, die Weste und den Frack an, wird plötzlich müde, setzt sich auf den einzigen wackligen Stuhl, seine Stirn ist schweißblank. Maj kniet vor ihm, versucht ihm über die Wange zu streichen, er schiebt sie vorsichtig weg. Sie preßt die Handflächen gegeneinander und steht von ihren langen Haaren umflossen auf dem Fußboden.

GUSTAV ADOLF Ich mag nicht ausgelacht werden.

## 7

In derselben Nacht hat Professor Carl Ekdahl Depressionen. Seine Ehefrau Lydia, klein und fett, mit schmalen Schultern, sitzt zusammengesunken auf dem Bett und kämpft mit den Tränen und mit dem Schlaf, während der Professor durch die dunklen, geschmacklos überladenen

Räume trabt; er trägt Morgenmantel, Nachtmütze, Nachthemd und Pantoffeln.

CARL Hier ist es kalt wie in der Hölle, warum wird nicht geheizt? Ich fühle, daß ich eine Erkältung kriege; beim Schlucken habe ich Halsschmerzen, es juckt in den Zähnen.

LYDIA Wir haben beim Holzhändler keinen Kredit mehr, wir schulden ihm hundertfünfzig Kronen, mein Carlchen, das weißt du doch!

CARL Mein Gott, daß du in dreiundzwanzig Jahren noch nicht gelernt hast, schwedisch zu sprechen! Sprich schwedisch.

LYDIA Ja, mein Carl, ich *ver*suche, so gut ich...

CARL Ich *versuche* heißt es, versuche.

LYDIA Versuche. Ich versuche, so gut ich kann.

CARL Am Dienstag bin ich zu Mama gegangen und habe gefragt, ob ich Zehntausend von ihr leihen könnte, um die Geschäfte in Ordnung zu bringen. Sie holte einen Zettel hervor, auf dem geschrieben stand, daß ich ihr noch siebenunddreißigtausend Kronen schulde. Es ist nicht zu fassen.

LYDIA Du mußt zum Juden gehen.

CARL Herzlichen Dank. Da bin ich schon gewesen. Ich bezahle fünfundvierzig Prozent Zinsen, und wenn ich nicht pünktlich zahle, droht er, den Revers Mama zu zeigen.

LYDIA Ich habe ein paar Schmuckstücke.

CARL Idiotin! Das würde vielleicht einen Eindruck machen, was? Professor Ekdahl rennt zum Pfandleiher.

LYDIA Willst du dich nicht schlafen legen, mein Schatz?

CARL Es ist die Hölle. Es ist die Hölle. Ich habe bestimmt Fieber, mir ist kalt und gleichzeitig schwitze ich. Diese Angst. Was ist mit mir? Wäre besser, wenn ich mir das Leben nähme.

LYDIA *weinend.* So was darfst du nicht sagen, Carlchen.

CARL Wenn ich nur begreifen könnte, warum du dich so ekelhaft schminkst.
*Hustet.* Du siehst aus wie eine Hure.

LYDIA Du schimpfst mich ja aus, wenn ich mich nicht schminke, und sagst, ich sehe aus wie ein altes Weib.

CARL Warum habe ich dich geheiratet. Du bist häßlich, arm und unfruchtbar. Du hast mir nicht einmal ein Kind schenken können.

LYDIA Du schläfst ja nie mit mir. Du schläfst nur mit allen möglichen anderen. Du betrügst mich. Ich weiß sehr wohl, daß ich ständig betrogen werde, mein Carlchen. Das ist die Wahrheit. Ich sage aber nichts. Ich schweige.

CARL Sprich schwedisch, schwedisch, schwedisch!

LYDIA Armer Carl, wie unglücklich du bist. Wenn du nicht so traurig und ängstlich wärst, wärst du nicht so böse.

CARL Der Dekan brüllt mich an und sagt, daß ich meine Vorlesungen vernachlässige. Aber ich bin Forscher. Ich bin der einzige echte Forscher dieser verdammten Universität. Aber darum kümmert sich kein Mensch. Meine letzte Abhandlung hat der Verlag nicht gedruckt; sie sei wissenschaftlich nicht genügend untermauert, mein Gott, ja, das sagen sie nur, weil ich den Dozenten nicht in den Arsch krieche. Mir wird schlecht. Mit diesem Heringssalat war etwas nicht in Ordnung, er schmeckte abgestanden. Du kannst Gift drauf nehmen, daß das geizige Weibsstück ihn seit Ostern aufbewahrt hat. Zum Teufel noch mal, man serviert doch keinen Heringssalat zu Weihnachten. Mein Gott, mein Gott. Ich habe entsetzliche Kopfschmerzen. Was soll ich nur machen? Ich muß schlafen. Dann müssen wir zu diesem verdammten Frühgottesdienst. Nur Zwang, überall Zwang. Und dann soll man auch noch höflich grinsen: Liebe Mama, wie hübsch du heute bist. Du

siehst aus wie ein junges Mädchen. Liebe Emilie, so wunderbar hast du den Weihnachtsengel noch nie gespielt. Wie kommt es, daß dir alles gelingt, was du dir vornimmst, lieber Oscar? Wie kommt es nur.
*Müde.* Wie kommt es?

LYDIA Komm, Carlchen. Komm, setz dich zu mir.

CARL Du riechst schlecht. Ich weiß nicht, woran es liegt, hast du aufgehört, dich zu waschen, oder fängst du an zu verwesen?

LYDIA Ich rieche überhaupt nicht schlecht, mein Carlchen. Du hast Geruchshalluzinationen.

Er setzt sich plötzlich aufs Bett, atmet tief durch, kaut auf den Fingernägeln, reißt die Haut an den Nagelbetten ab; es fängt an zu bluten. Er betrachtet das Blut mit Befriedigung.

LYDIA Soll ich einen Umschlag machen?

CARL Nein, danke.

LYDIA Willst du nicht versuchen, ein bißchen zu schlafen?

CARL Doch.

LYDIA Du tust mir so leid, Carl.

CARL Wie wird man mittelmäßig, kannst du mir das beantworten. Wie rieselt der Staub? Wenn man verloren hat? Erst bin ich ein Prinz, der das Königreich erben soll. Plötzlich, bevor ich weiß, wie mir geschieht, bin ich abgesetzt. Der Tod klopft mir auf die Schulter. Es ist kalt im Zimmer, und wir können das Holz nicht bezahlen. Ich bin häßlich und böse. Am bösesten bin ich zu dem einzigen Menschen, der sich um mich kümmert. Du kannst mir nie verzeihen. Ich bin ein Stück Scheiße und ein Schwein.

LYDIA Wenn du willst, mache ich dir einen warmen Weintoddy.

CARL Nun halt mal einen Augenblick die Schnauze. Sei nicht so verflucht servil. Trockne dir den Mund. Du hast immer nasse Lippen. Das ist ekelhaft. Ich will gar nicht böse sein.

LYDIA Ich weiß das, mein Carlchen.

CARL Du solltest mich hassen.

LYDIA *schüttelt den Kopf.*
Ich bin zu gutmütig, das weißt du.

CARL Oh, du Leben! Oh, du Schlaflosigkeit und widerliche Eingeweide! Oh, Armut und Demütigung! Streck deine Hand aus, und du greifst ins Leere. Warum bin ich so verflucht feige?

Er wirft sich auf die Kissen; die Tränen laufen die unrasierten, bläulichen, aufgeschwemmten Wangen hinab. Von Zeit zu Zeit entringt sich der gequälten Brust Professor Ekdahls ein trockenes, spasmisches Schluchzen. Lydia ergreift seine Hand und streichelt sie. Er sieht sie mit Abscheu an.

CARL Du hast deine Vergnügungen!

LYDIA Jetzt nicht mehr, mein Liebling!

CARL Die Demütigung, die Armut, das schlechte Essen, die Eiseskälte, deine gottverdammte Häßlichkeit. Du schwillst an und gedeihst, nichts greift dich an, ich schlage dich, und du küßt mir die Hand, ich spucke dich an, und du verzeihst. Du bist widerwärtig. Ich halte deine Liebe nicht aus. Ich muß dich verlassen. Du kannst wieder nach München zurückfahren, wir lassen uns scheiden! Ich will dich nicht mehr sehen müssen, dich nicht mehr riechen, dein gottverdammtes Kauderwelsch anhören, will nichts mehr von deiner Fürsorge wissen, von den ängstlichen Augen, will endlich von deiner schmierigen Liebe loskommen.

LYDIA Wenn du aufgeregt und traurig bist, sagst du immer solche Sachen. Mir macht das nichts mehr aus. Das weißt du, mein Carlchen.

CARL Ich will schlafen. Vielleicht kann ich von einem

wohlduftenden Frauenkörper träumen, kleinen Brüsten, schmalen Hüften, langen Beinen. Hellhaarig, fröhlich, lachend. Sie hält mich an Armen und Beinen fest, sie drückt sich an mich, wir kopulieren.
Ihr Schoß ist fest und freigiebig. Oh, Hölle auf Erden, Gefängnis, Alter, Ekel. Weißt du, warum ich dich so verflucht hasse, mein Lämmchen? Du bist ein Spiegelbild. Die Gutmütigkeit spiegelt die Gutmütigkeit wider. Das Mittelmaß und die Häßlichkeit spiegeln das Mittelmaß und die Häßlichkeit wider. Ich sehe, wie es in deinem armen Gesicht zuckt, du hast Falten um den Mund, du trauerst, aber du findest dich ab. Das ist der große Unterschied. Ich finde mich nie ab.

## 8

Um halb fünf am Morgen des ersten Weihnachtsfeiertages kommt Gustav Adolf Ekdahl vom Dachboden herunter. Er hat sich im Flur die Schuhe ausgezogen und versucht, sich lautlos zu bewegen, was kaum zu seiner Natur paßt. Alma ist bereits aufgestanden und macht Morgentoilette. Petra steht mitten im Zimmer; sie trägt Unterwäsche, Schnürleibchen und Lockenwickler. Sie starrt ihren Vater an. Alma fragt irgend etwas aus der Tiefe der Garderobe. Als sie keine Antwort bekommt, steckt sie den Kopf heraus und entdeckt ihren Mann, der mit den Schuhen in der Hand in der Tür zum Schlafzimmer steht.

ALMA Guten Morgen, Gustav Adolf.
GUSTAV ADOLF Guten Morgen, Alma.
PETRA Guten Morgen, Papa.
GUSTAV ADOLF Guten Morgen, Petra.
ALMA Petra, geh in die Küche und mache drei Spiegeleier

mit Schinken für Papa. Mach zwei Butterbrote mit Ziegenkäse. Auf Knäckebrot. Was willst du trinken?

GUSTAV ADOLF Bier.

ALMA Du weißt, wo der Bierkasten steht, nein, weißt du, ich glaube, es gibt noch ein paar Flaschen Porter im Eisschrank. Du willst lieber einen Porter haben, nicht wahr?

GUSTAV ADOLF *nickt.* Ja.

ALMA Beeil dich, Petra. Steh nicht so herum und starre. Wir müssen in einer Stunde bei Großmutter sein.

Petra geht mit niedergeschlagenem Blick und roten Wangen an ihrem Vater vorbei. Gustav Adolf versucht, ihr einen Kuß zu geben, aber sie weicht aus. Er setzt sich auf einen Stuhl.

GUSTAV ADOLF Gib mir einen Cognac.

Alma geht in den Salon und holt das verlangte Getränk, reicht ihm das Glas, dreht ihm den Rücken zu und fängt an, das Haar aufzustecken.

ALMA Ich habe deine Sachen rausgehängt.

GUSTAV ADOLF *trinkt.* Danke.

ALMA In der Handkanne ist warmes Wasser. Ich habe es gerade geholt.

GUSTAV ADOLF Danke, das war lieb.

ALMA Beeil dich jetzt!

GUSTAV ADOLF Yes, Sir.

Er erhebt sich schwer und fängt an, sich aus dem Frack zu zwängen. Alma sitzt vor dem großen Spiegel des Frisiertisches; die nackten weißen Arme sind erhoben, die Hände hantieren flink mit dem dicken Haar, das grau zu werden beginnt. Gustav Adolf steht plötzlich hinter ihr. Er faßt sie um die Brüste und küßt sie in den Nacken.

GUSTAV ADOLF Du siehst doch verdammt gut aus.
ALMA Und du bist ein großer Scheißkerl.
GUSTAV ADOLF Komm ein Weilchen mit ins Bett.
ALMA Ich habe gerade das Haar aufgesteckt.
GUSTAV ADOLF Dann machen wir ein Nümmerchen im Stehen, Muttilein. Das ist auch nicht zu verachten.
ALMA Petra bringt doch das Frühstück.
GUSTAV ADOLF Ach was, wir schließen die Tür ab.

Alma sieht ihren Mann an und lächelt ein wenig. Dann steht sie vom Frisiertisch auf, geht in den Korridor hinter dem Schlafzimmer, wo man sie zu Petra sagen hört, sie solle das Frühstückstablett auf den kleinen Tisch in der Bibliothek stellen. Danach kommt sie herein, schließt die Tür ab und zieht sich die langen weißen Unterhosen aus.

ALMA Also schön, dann komm jetzt, aber laß es schnell gehen.
GUSTAV ADOLF Ich glaube nicht, daß ich kann.
ALMA Du kannst nicht?
GUSTAV ADOLF Es stimmt wohl irgendwas nicht.
ALMA Du bist doch nicht krank, kleiner Gusti.
GUSTAV ADOLF Nein, zum Teufel, mir geht's bestens.
ALMA Leg dich aufs Bett.
GUSTAV ADOLF Ich glaube, ich leg mich aufs Bett.

Er wirft sich auf das eheliche Bett, das seufzt und nachgibt. Alma beugt sich über ihn.

ALMA Ich werde das Frühstückstablett reinholen.
GUSTAV ADOLF Danke, das ist lieb.
ALMA Daß ich dich noch nicht totgeschlagen habe.

Er lacht plötzlich und zieht sie an sich; das große Bett schwankt und knackt. Gustav Adolf wälzt sich herum und legt sich über Alma, lächelt triumphierend.

GUSTAV ADOLF Was sagst du jetzt?

Petra, die gerade das Frühstückstablett in die Bibliothek gebracht hat, hört die wohlbekannten Geräusche aus dem Schlafzimmer. Sie macht eine Grimasse und zieht unwillkürlich ihr Unterhemd über dem Busen zusammen.

Im Eßzimmer schlägt die Uhr halb sechs. Vom Dom her ist das Läuten zum ersten Gottesdienst zu hören.

## 9

Punkt sechs und unter vollständigem Schweigen wird vor dem Weihnachts-Frühgottesdienst in Frau Helenas Eßzimmer Kaffee getrunken. Frau Helena erkundigt sich nach dem Wetter, Emilie antwortet, es sei wohl ziemlich kalt. Fräulein Vega behauptet, ihr Thermometer stehe auf minus fünfundzwanzig Grad. Alexander gähnt und wird von seinem Vater sanft zurechtgewiesen. Gustav Adolf und Onkel Carl trinken einen Schnaps und prosten sich verstohlen zu, weil sie wissen, daß ihre Mutter den Verzehr von Alkohol am Morgen des Weihnachtstages mißbilligt. Jenny läßt Schokolade aus der Tasse schwappen, und Maj tröstet sie und sagt, das mache nichts. Petra starrt sauer ihre Mutter an, die zurücklächelt und eine verlorene Geste macht, als ob sie zugäbe, daß sie wahrscheinlich verrückt sei. Dann donnert es im Hausportal, und die Schlitten fahren aus dem Hof; die Glöckchen bimmeln, und die Kufen quietschen auf dem Kopfsteinpflaster. Oscar blickt auf seine Uhr und sagt, jetzt sei es soweit. Alle erheben sich vom Tisch.

Dann verstaut man sich in den drei großen Schlitten. Im ersten sitzt Frau Helena in ihrem Zobelpelz zusammen mit Oscar und Emilie und den Kindern. Im zweiten fahren Gustav Adolf und Carl mit Alma und Lydia sowie Petra. Im dritten fahren die Bediensteten. Die Fackeln sprühen und verbreiten Funken über dem Schnee, die Peitschen knallen. Die Nacht ist eisig, klar und still.

Über den Marktplatz und von den angrenzenden Straßen eilen dunkle Haufen von Kirchenbesuchern zu Fuß und in Schlitten aller Art herbei, viele tragen Fackeln.

Die Kirchenglocke läutet.

## Todesfall und Beerdigung

### 1

Seit einigen Wochen hat man den »Hamlet« geprobt, und die Premiere ist für Mitte Januar angesetzt. Es ist der erste Arbeitstag nach den Feiertagen, und abgesehen von den gewöhnlichen Erkältungen und Magenbeschwerden ist das kleine Ensemble unter der erfahrenen Leitung Herrn Landahls wieder auf den Beinen. Der junge und vielversprechende Mikael Bergman spielt den Hamlet. Der König wird von dem etwas zu betagten Herrn Morsing gestaltet. Die Königin wird von Emilie Ekdahl gegeben, und Oscar Ekdahl hat sich mit einem Seufzer des Widerwillens der Rolle des Geistes und der des ersten Schauspielers angenommen.

Es ist Nachmittag, und man hat seit neun Uhr morgens gearbeitet. Auf der Bühne befinden sich einige Versatzstücke, eine Treppe, eine Bank und im Hintergrund ein gemalter Fond, der etwas völlig anderes darstellt, als er darstellen sollte. Hamlet und der Geist treten auf. Alexander drückt sich halb verborgen im Proszenium herum. Hinter dem schützenden Fond haben es sich Emilie und die junge Hanna Schwartz zusammen mit der asthmatischen Frau Sinclair vom Kartenverkauf bequem gemacht. Emilie stickt, Hanna stopft Strümpfe und Frau Sinclair klöppelt. Auf einem Hocker steht ein Tablett mit Kaffee und Gebäck. Von Zeit zu Zeit wechselt man im Flüsterton ein Wort miteinander.

Den größeren Teil des männlichen Personals beim Theater sieht man an den Wänden, sitzend, liegend oder herumlungernd. Man döst, gähnt, kratzt sich, repetiert, unterhält sich oder sieht der Probe zu, die sich in dem schläfrigen Licht einer einzigen Glühlampe dahinschleppt, die an einer langen Schnur vom Schnürboden herabhängt.

Auf der Bank sitzt auch Hamlet; er hat das Gesicht den Zuschauern zugewandt. Hinter ihm steht der Geist. An der Rampe hocken der Souffleur, der Requisiteur und Herr Landahl, der den Kopf in die Hände stützt. Er hat die Augen geschlossen. Vielleicht schläft er.

DER GEIST Schon naht sich meine Stunde,
wann ich den schwefligen, qualvollen Flammen
mich übergeben muß.
HAMLET Ach, armer Geist!
GEIST Beklag mich nicht, doch leih dein ernst Gehör
dem, was ich kund will tun.
HAMLET Sprich! Mir ist's Pflicht, zu hören.
GEIST Zu rächen auch, sobald du hören wirst.
HAMLET Was?
GEIST Ich bin deines Vaters Geist:
Verdammt auf eine Zeitlang,
nachts zu wandern,
und tags gebannt zu fasten in der Glut,
bis die Verbrechen meiner Zeitlichkeit
hinweggeläutert sind. Wär mir's nicht untersagt,
das Innere meines Kerkers zu enthüllen,
so höb ich eine Kunde an, von der
das kleinste Wort die Seele dir zermalmte,
dein junges Blut erstarrte, deine Augen
wie Stern' aus ihren Kreisen schießen machte,
dir die verworrenen krausen Locken trennte,
und sträubte jedes einzelne Haar empor,
wie Nadeln an dem zorn'gen Stacheltier:
doch diese ew'ge Offenbarung faßt
kein Ohr von Fleisch und Blut. – Horch, horch!
Oh horch!

Wenn du je deinen teuren Vater liebtest –
HAMLET Oh Himmel!
GEIST Räch seinen schnöden, unerhörten Mord.
HAMLET Mord?
GEIST Ja, schnöder Mord, wie er auf's beste ist,
doch dieser unerhört und –
*Bleibt stecken.*
HAMLET *flüstert.*
– und unnatürlich.
GEIST –– und unnatürlich.
HAMLET Eil, ihn zu melden, daß ich auf Schwingen, rasch
wie Andacht und des Liebenden Gedanken,
zur Rache stürmen mag.
GEIST Nun, Hamlet, höre:
Es heißt, daß, weil ich schlief in meinem Garten,
mich eine Schlange stach; so wird das Ohr des Reichs
durch den erlogenen Hergang meines Todes
schmählich getäuscht; doch wisse, edler Jüngling,
die Schlang, die –
SOUFFLEUSE – die deines Vaters Leben stach –
GEIST – die deines Vaters –
SOUFFLEUSE – die deines Vaters Leben stach –
GEIST – deines Vaters Leben stach,
trägt seine Krone jetzt.
HAMLET Oh mein prophetisches Gemüt! Mein Oheim?
GEIST Ja, der blutschänderische Ehebrecher,
durch Witzes Zauber, durch Verräter Gaben
(oh arger Witz und Gaben, die imstand'
so zu verführen sind!)
gewann den Willen
der scheinbar tugendsamen Königin
zu schnöder Lust.
Doch still! Mich dünkt, ich witt're Morgenluft;
kurz laß mich sein. – Weil ich im Garten schlief,
wie immer meine Sitte nachmittags,

beschlich dein Oheim meine sichre Stunde,
mit Saft verfluchten Eibenbaums im Fläschchen,
und träufelt' in den Eingang meines Ohrs
das schwärende Getränk, wovon die Wirkung
so mit des Menschen Blut in Feindschaft steht,
daß es durch die natürlichen Kanäle
des Körpers hurtig, wie Quecksilber, läuft;
und wie ein saures Lab, in Milch getropft,
mit plötzlicher Gewalt gerinnen macht,
das leichte, reine Blut. So tat es meinem;
und Aussatz schuppte sich mir augenblicklich,
wie einem Lazarus, mit ekler Rinde,
ganz um den glatten Leib.
So ward ich schlafend und durch Bruder Hand
um Leben, Thron, Weib mit eins gebracht,
in meiner Sünden Blüte hingerafft,
ohne Nachtmahl, ungebeichtet, ohne Ölung;
die Rechnung nicht geschlossen, ins Gericht
mit aller Schuld auf meinem Haupt gesandt.

HAMELT Oh schaudervoll! Oh schaudervoll! Höchst schaudervoll!

GEIST Hast du Natur in dir, so leid es nicht;
laß Dänemarks königliches Bett kein Lager
für Blutschand und verruchte Wollust sein.
Ade! Ade! Ade! Gedenke mein.

Oscar Ekdahl will aufstehen, macht eine kleine Bewegung mit den Armen, bleibt aber sitzen, wendet Hamlet das Gesicht zu, lächelt unsicher; die Stirn ist schweißglänzend, die Adern an den Schläfen schwellen an, er greift nach einem Taschentuch, feuchtet die Lippen an.

OSCAR Ich habe vergessen, was ich machen soll.
MIKAEL Du stehst auf und gehst in die Kulisse.
OSCAR Wo bin ich?

MIKAEL Du bist hier. Im Theater.

Oscar Ekdahl scheint sich Mikaels Erläuterung durch den Kopf gehen zu lassen. Er wendet den Blick zum Schnürboden und seufzt. Die anderen Schauspieler haben verstanden, daß etwas geschehen ist, was Unglück verheißt. Sie versammeln sich auf der Bühne, schweigend und unsicher. Alexander steht ganz unten im Proszenium, von einigen gemalten Versatzstücken verborgen. Alle wenden sich Emilie zu, die ihre Handarbeit liegengelassen und ihr flüsterndes Zwiegespräch mit Frau Sinclair beendet hat. Sie geht langsam auf ihren Mann zu und setzt sich neben ihn, streichelt ihm hastig über den Scheitel.

EMILIE Ich glaube, wir gehen jetzt nach Hause und ruhen uns ein bißchen aus.
OSCAR Wo bin ich?
EMILIE Du bist bei mir.
OSCAR Was ist passiert?
EMILIE Ich glaube, du bist etwas müde geworden.
OSCAR Was tue ich hier?
EMILIE Du hast Theater gespielt.
OSCAR *leise.*
Theater gespielt. Warum habe ich Theater gespielt?
EMILIE Komm jetzt, Oscar, dann gehen wir nach Hause.
OSCAR Glaubst du, es ist ein Schlaganfall?
EMILIE Doktor Fürstenberg soll dich mal ansehen.
OSCAR Muß ich sterben?
EMILIE Könnt ihr mir nicht mal helfen.

Dies sagt sie zu den Umstehenden, die sich sofort über Oscar Ekdahl beugen und ihn hochheben. Er kann nicht auf den Beinen stehen. Bevor er fällt, gelingt es ihnen, ihn unter die Arme greifend aufzufangen. Halb trägt man, halb schleppt man ihn über die Bühne. Die Leiterin des Verwaltungsbüros tritt auf den abschüssigen Gang mit den hohen Türen hinaus. Frau Palmgren begreift sofort den Ernst der Situation und holt Oscar Ekdahls Rock und Hut. Mit großer Mühe gelingt es, ihm die Kleidungsstücke anzuziehen. Dann trägt man ihn in der eisigen Winterdämmerung eilig über den Marktplatz.

## 2

Es ist ein stiller Tag, und es schneit unaufhörlich. Fanny und Alexander haben bei Fräulein Vega und Fräulein Ester in deren aufgeräumter Mädchenkammer mit Aussicht auf die Ulmen des Hofes Zuflucht gesucht; der winterliche Himmel ist eisengrau. Hier drinnen ist alles wie gewöhnlich; in dem übrigen Haus ist alles anders. Man unterhält sich flüsternd, Türen werden lautlos geöffnet und geschlossen. Onkel Carl und Onkel Gustav Adolf sind mit ernsten Gesichtern zu Besuch gekommen. Die Proben im Theater sind abgesagt worden, und Fräulein Schwartz hat mit tränenüberströmtem Gesicht den Salon in Begleitung eines blassen und in schwarz gekleideten Filip Landahl durcheilt. Doktor Fürstenberg ist schon früh am Morgen dagewesen, verschwand einige Stunden, kam dann aber wieder. Er steht mitten im Zimmer und trinkt Kaffee. Emilie hat sich nicht angezogen, obwohl es schon halb zwei nachmittags ist. Sie trägt ihren langen, dunkelgrünen Morgenrock und die Nachtflechte. Sie ist völlig ruhig und verläßt kaum das Schlafzimmer des Kranken. Als sie den Kindern begegnet, spricht sie zu ihnen mit gewöhnlicher, aber zugleich sanfter Stimme; es ist erschreckend. Großmutter bewegt sich ruhelos zwischen den Wohnungen hin und her; die Tapetentür steht ausnahmsweise offen. Großmutter spricht am Telefon oft mit unsicherer und erkälteter Stimme, was ihr sehr unähnlich ist. Amanda hat man zur Schule geschickt; Siri und Alida sind damit beschäftigt, das Essen vorzubereiten. Sie sprechen nicht miteinander und klappern auch nicht mit Töpfen und Porzellan, wie sie es sonst tun. Das Kindermädchen Maj hat sich oben in ihrem kleinen Zimmer auf dem Dachboden eingeschlossen. Fanny, die an ihrer Tür gelauscht hat, berichtet, daß sie ununterbrochen weint.

Alles ist anders als sonst, aber bei Fräulein Vega und Fräulein Ester ist alles wie gewohnt: Hier gibt es einen Rest von Geborgenheit. Fanny und Alexander sitzen auf Fräulein Vegas kleinem Sofa. Sie haben ein betagtes Legespiel in verschiedenen Farben zwischen sich. Die alten Damen in ihren dunkelblauen Kleidern und blauweiß gestreiften Schürzen sind schwer beschäftigt. Fräulein Vega bügelt Spitzenmanschetten, und Fräulein Ester schreibt an einem betagten und spröden Sekretär mit vielen Schubladen und kleinen Fächern Briefe. Die beiden Damen unterhalten sich brummelnd, ohne einander eigentlich zuzuhören; die Laute sind beruhigend wie ein stilles, aber anhaltendes Tröpfeln aus einer Dachrinne. Falls sie trauern, zeigen sie ihre Trauer nicht.

Und warum sollten sie eigentlich trauern? In ihren alten Herzen wissen sie, daß ihr vielgeliebter Oscar bald in die ewige Seligkeit eintreten wird. Sie unterhalten sich miteinander:

FRÄULEIN VEGA Ich war bei Gustavssons drinnen.

FRÄULEIN ESTER – will nur eben zu Ende schreiben.

FRÄULEIN VEGA – da traf ich Herrn Albrechtsson.

FRÄULEIN ESTER Könnt ihr euch vorstellen, Kinder, daß dieser Brief bis zu einer kleinen Missionsstation in China soll!

FRÄULEIN VEGA – Herr Albrechtsson sagte, sein Pudel habe vier Junge bekommen.

FRÄULEIN ESTER Da wohnt eine Freundin von mir, die dort schon seit fünfzig Jahren wohnt.

FRÄULEIN VEGA Herr Albrechtsson fragte, ob Fanny und Alexander nicht ein Junges haben wollen.

ALEXANDER Wir dürfen keine Hunde oder Katzen haben. Das hat Mutter ein für allemal verboten.

FRÄULEIN ESTER Der Hund könnte ja bei uns wohnen.

FANNY Kann er hier wohnen?

FRÄULEIN VEGA Sonst muß er verkauft werden.

FRÄULEIN ESTER Als ich zusammen mit meiner Freundin in China war, als wir draußen auf dem Feld arbeiteten, hatten wir einen Hund und drei Katzen.

FANNY Ich hab gewonnen.

ALEXANDER Spielen wir noch einmal?

FANNY Dann nimmst du die Roten.

FRÄULEIN VEGA Herr Albrechtsson hat mit seinen feinen Hunden eine Menge Geld verdient. Aber den Pudelwelpen wollte er weggeben.

FRÄULEIN ESTER Er hat ja selbst Vermögen!

FRÄULEIN VEGA Es ist das Geld seiner Frau, liebes Fräulein Ester.

FRÄULEIN ESTER Glauben Sie das wirklich, Fräulein Vega? Ich habe den Vater von Herrn Albrechtsson gekannt. Er besaß einen großen Hof vor der Stadt und war bei Gott kein armer Mann.

FRÄULEIN VEGA Fanny und Alexander: Wollt ihr ein Butterbrot mit Sirup haben?

FANNY UND ALEXANDER Ja, gern, Fräulein Vega.

FRÄULEIN ESTER Jetzt ist der Brief jedenfalls fertig. Komm, Fanny, du kannst den Umschlag lecken.

Fräulein Vega geht in die Küche und streicht Butterbrote. Fanny stellt sich neben den Sekretär und streckt die Zunge raus. Alexander wird plötzlich von unerträglicher Trauer überfallen. Er krümmt sich zusammen und stützt den Kopf gegen die Knie; die Hände ruhen schlaff auf dem Stoffbezug des Sofas.

FRÄULEIN ESTER Alexander, willst du die Flöte geliehen haben?

ALEXANDER Nein, danke.

FRÄULEIN ESTER Leck die Briefmarke, Alexander.

ALEXANDER Nein, danke.

FRÄULEIN ESTER *zu Fanny.*
Dann darfst *du* die Briefmarke lecken.

Draußen auf dem Flur sind schnelle Schritte zu hören; es klopft an die Tür und Fräulein Ester ruft: Herein! Es ist Amanda, die ein schwarz und weiß kariertes Kleid trägt und schwarze Strümpfe. Sie hat das Haar hochgesteckt. Sie ist blaß, in verhaltener Gemütsbewegung, aber auch von einer genußvollen Feierlichkeit der Trauer erfüllt. Fräulein Vega hat die Butterbrote auf ein Tablett gelegt und sich umgedreht. Fräulein Ester hört auf, ihre Briefmarken festzuklopfen.

AMANDA Mutter sagt, daß Fanny und Alexander sofort kommen sollen.

Alexander friert; er klappert vor Angst mit den Zähnen. Fanny nimmt ihn bei der Hand und schiebt ihn vor sich her. Amanda eilt ihnen durch den Anrichteraum, den langen Gang mit den hohen Schränken und das Eßzimmer voraus. Sie öffnet die Tapetentür, führt die Geschwister durch das Herrenzimmer mit seinen Orientteppichen, dem hohen, verschnörkelten Schreibtisch und den Regalen, die sich hinter den Glastüren unter der Last der Bücher biegen.

Emilies Arbeitszimmer wird »Mutters kleiner Salon« genannt und liegt zwischen dem Eßzimmer und dem Schlafzimmer. Es ist ein helles Zimmer mit zwei großen Fenstern zum Stadtpark hin, leichten, bequemen Möbeln und ausgesuchten Gemälden an den Wänden. Ein kleines Klavier aus Walnußholz steht in der Ecke beim rechten

Fenster; an der kurzen Wand eine niedrige Chaiselongue, am linken Fenster ein Empireschreibtisch. Ein elegantes, gerundetes Sofa und kleine weiche Sessel mit hellem Stoff bezogen, ein Kristalleuchter vom Ende des achtzehnten Jahrhunderts und ein großer Teppich in kühler Pastellfarbe vervollständigen die Einrichtung. Der kleine Raum ist voller Menschen, alle schwarz gekleidet und blaß in der milchigen Winterdämmerung. Alle wenden die Gesichter den eintretenden Kindern zu. Dort sind Onkel Carl, Tante Lydia, Onkel Gustav Adolf und Tante Alma, da sind Herr Landahl und Fräulein Schwartz. In einer Ecke steht Isak Jacobi, die langen knotigen Hände über dem Bauch gefaltet. Petra steht halb verborgen hinter der Gardine und jammert schwach. Eine Uhr tickt unregelmäßig. Aus dem Schlafzimmer sind Stimmen zu hören. Der Schnee fällt still und unaufhörlich auf die großen Bäume des Stadtparks. Die vielen Menschen in dem kleinen hellen Zimmer scheinen unwirklich zu sein, wie weggestellte Puppen in einem Puppenschrank. Die Tür zum Schlafzimmer geht auf, und Doktor Fürstenberg kommt heraus. Er will etwas zu den Versammelten sagen, aber als er die Kinder entdeckt, hält er inne, zieht sein großes weißes Taschentuch hervor und putzt sich mit einem schwachen Trompetenstoß die Nase.

Emilie steht in der Tür. Sie hat noch immer den Morgenrock an und das Haar zu einem Zopf geflochten. Sie winkt den Kindern, zu kommen. Fanny und Alexander gehorchen sofort, aber Alexander bleibt mitten im Zimmer stehen. Er hat Angst. Die Mutter geht zu ihm, beugt sich über ihn und flüstert ihm etwas ins Ohr. Er nickt schwach, sie nimmt ihn bei der Hand und führt ihn zu dem Sterbenden hinein.

Die hellen, bemalten Rollgardinen sind halb heruntergezogen, und es herrscht eine sanfte Halbdämmerung. Die weiß gemalten Betten stehen nebeneinander, das eine ist in aller Eile gemacht, in dem anderen befindet sich Oscar Ekdahl; er liegt halb, halb sitzt er mit einem Berg von Kissen hinter dem Rücken. Das Nachthemd hebt sich weiß leuchtend von der grauen Gesichtsfarbe des Kranken ab. Er hat die Augen geschlossen. Die Augenlider sind geschwollen und dunkel, der Mund halb offen, die Hände ruhen friedlich auf der Decke. In einem Sessel mit hoher Rückenlehne sitzt Frau Helena. Sie trägt passende Kleidung, ist tadellos frisiert und geschminkt. Ihr Gesicht ist vollkommen ruhig. Als die Kinder hereinkommen, lächelt sie ihnen zu, hält die Hand auf, zieht sie nacheinander an sich und küßt sie auf die Stirn – genau so, wie sie es immer tut. Sie sieht sofort Alexanders wahnsinnigen Schrecken und streichelt ihm mit einer hastigen und zärtlichen Bewegung über die Wange. Emilie hat sich auf der Bettkante niedergelassen und sieht den Kranken unverwandt an. Sie hat seine rechte Hand ergriffen und hält sie zwischen ihren Händen, als wollte sie sie wärmen. Auf dem Nachttisch stehen einige braune Flaschen und ein Wasserglas mit einem Löffel. Oscars Taschenuhr tickt eifrig in ihrem kleinen Gestell. Auf dem Fußboden steht ein emaillierter Eimer; über den Rand hängt ein feuchtes Handtuch. Die Uhr auf dem Sekretär zeigt halb neun. Das Pendel bewegt sich nicht. Im Raum herrscht ein scharfer, säuerlicher Geruch, der die sonst so milden Düfte von Emilies Frisiertisch übertüncht.

Als Oscar Ekdahl zu sprechen beginnt, hält er noch immer die Augen geschlossen. Die Stimme ist schwach. Er spricht etwas langsam, aber eigentlich hört er sich wie immer an.

OSCAR Ihr braucht keine Angst zu haben. Dies ist nichts Gefährliches. Mir tut nichts weh. Mir geht es eigentlich besser als seit langem. Macht euch nichts draus, daß ich die Augen geschlossen halte, ich finde das Licht ein bißchen zu scharf.

Das macht sicher nichts, daß ich die Augen zumache. *Lacht.*
Jetzt könnte ich den Geist so richtig gut spielen, nichts, nichts trennt mich von euch, jetzt nicht und später nicht. Das weiß ich, das sehe ich vollkommen klar. Ich glaube fast, daß ich euch jetzt näher kommen werde, als zu der Zeit, als ich lebte. Stellt euch hierher, hier direkt vor mich, einer neben den anderen, damit ich euch sehen kann.

Amanda geht zu ihrem Vater hin, der die linke Hand zur Stirn hebt, um sich sozusagen die Augen zu beschatten. Er blinzelt vorsichtig. Es tut weh, aber er macht die Augen auf und sieht seine Tochter an, lächelt ihr zu.

OSCAR Jetzt will ich mir Alexander ansehen.
ALEXANDER Nein.

Alexander preßt den Rücken gegen die Tür und schüttelt mehrmals den Kopf. Die Großmutter erhebt sich aus dem Stuhl, nimmt ihn bei der Hand, steht einen Augenblick abwartend da, führt ihn dann mit sanfter Gewalt zum Vater hin, der sofort seine Hand ergreift und sie festhält. Oscar Ekdahl schließt die Augen, hält die Hand seines Sohnes und flüstert etwas. Der Mund bewegt sich, aber die Worte sind unhörbar. Dann sieht er plötzlich intensiv seinen Sohn an. Das wird für Alexander zuviel. Er wirft sich auf den Fußboden. Emilie und die Großmutter heben ihn auf, er ist steif vor Entsetzen. Sie schleppen ihn zum Stuhl der Großmutter. Dort darf er sich zusammenkauern, die Arme gegen das Gesicht gepreßt.

Fanny zeigt vollkommene Geistesgegenwart. Sie hält die Hand des Vaters und läßt sich ansehen. Plötzlich beugt sie sich vor und küßt ihn auf die Wange. (»Ich bin ein Jahr jünger als Alexander und habe überhaupt keine Angst. Ich fand es nicht einmal eklig, obwohl es roch.«)

OSCAR Sag Alexander, daß es nicht gefährlich ist.

FANNY *nickt energisch.*

Das werde ich ihm sagen.

Emilie nimmt wieder ihren Platz auf der Bettkante ein. Fanny und Amanda haben sich neben dem Frisiertisch der Mutter auf den Fußboden gesetzt. Die Großmutter steht am Fenster, Alexander sitzt wie vorhin zusammengekauert in dem großen Stuhl, die Arme gegen das Gesicht gepreßt. Dann und wann blinzelt er vorsichtig zu dem Sterbenden hin.

OSCAR Du sollst das Theater übernehmen. Herr Sandblad wird dich in die finanziellen Dinge einweihen. Über die künstlerischen bestimmst du selbst.

*Lacht ein wenig.*

Wie gewöhnlich.

EMILIE Ich werde mein Bestes tun.

OSCAR Ein einfaches Begräbnis, vergiß das nicht, Emilie! Nichts Majestätisches im Dom mit der Musikkapelle; die Chopins Trauermarsch spielt, und auch keinen Bischof, der an der Bahre eine Grabrede hält. Versprich mir das!

EMILIE Ich verspreche es.

OSCAR *leise.*

Dir vertraue ich, aber Mutter nicht. Sie will bestimmt ihr Theater spielen.

EMILIE Ich werde mit Tante Helena sprechen.

OSCAR Alles muß wie gewöhnlich weitergehen.

EMILIE *traurig.*

Ich verspreche es.

OSCAR Jetzt bin ich bald tot. Hältst du mir die Hand?

*Emilie nickt.*

Die Ewigkeit, Emilie!

*Pause.*

Die Ewigkeit!

## 3

Den Abend haben Fanny und Alexander bei den Cousins verbracht. Alle sind ruhig und sanft, niemand weint. Gustav Adolf umarmt und küßt sie und sagt, er könne ihnen zwar nie den Vater ersetzen, aber er werde ihnen mit aller Kraft und allem Verstand helfen, sie schützen, solange er lebe. Tante Alma drückt sie an ihren weichen Busen und erklärt, von jetzt an seien Fanny und Alexander ihre Kinder, ebenso wie Jenny und Petra. Fanny erwidert, daß sie noch immer Mutters und Vaters Mädchen sei und niemals daran denken werde, jemand anderem zu gehören. Alexander verhält sich still und sieht artig aus wie gewöhnlich. Alma geht in die Küche und bestellt für das Abendessen Schokolade mit Schlagsahne und Apfelkuchen. Dann läßt man sich am Eßtisch nieder und spielt Karten. Von der Wohnung über ihnen hört man Lärm, trampelnde und schwere Schritte. Nach einigen Stunden kommt Emilie, um ihre Kinder zu holen. Sie ist schwarz gekleidet und sehr schön. Sie lächelt beim Sprechen ständig, und dann und wann führt sie die Hand über das Gesicht, als versuche sie, Spinnenweben zu entfernen. Gustav Adolf und Alma und die Cousins wünschen eine gute Nacht. Emilie nimmt Fanny und Alexander bei der Hand und führt sie die Treppe hinauf in das Eßzimmer.

Dort sind alle Möbel an die Wand gestellt worden. Den großen Tisch hat man hinausgetragen, und mitten im Raum steht der offene Sarg, umgeben von brennenden Kerzen und Blumen. Oscar Ekdahl ist in Frack und Orden gekleidet; er ist sehr klein, aber sehr manierlich, sieht fast ein wenig zufrieden aus.

Fanny und Alexander stehen verloren da und betrachten all dies Fremde, Traurige und Schreckliche. Emilie geht herum und stellt irgendeine Blumenvase oder eine

Kerze woandershin. Von Zeit zu Zeit streicht sie sich hastig über das Gesicht.

In der Nacht schlafen Fanny und Alexander im selben Bett. Das geschieht manchmal, eigentlich ziemlich oft, vor allen Dingen, seit Amanda ein eigenes Zimmer bekommen hat. Niemand regt sich darüber auf, Amanda ärgert Alexander manchmal und sagt, er sei zimperlich und hätte lieber ein Mädchen werden sollen, aber da Alexander nie auf die Herausforderung eingeht, und Fanny sagt, Amanda sehe mit ihren kolossalen Brüsten lächerlich aus, verebbt der Krach, und die Geschwister schlafen auch weiterhin im selben Bett, sofern sie es nicht vorziehen, das quietschende und durchhängende Lager des Kindermädchens zu teilen. Das ist am angenehmsten, da Maj voller entsetzlicher Geschichten aus der Wirklichkeit steckt und einen frischen und guten Schweißduft hat, der ein Gefühl der Geborgenheit und des Zuhauseseins gibt.

Alexander wacht auf, ist plötzlich hellwach, die Trauer trifft ihn wie ein Stoß in den Magen, aber was ihn geweckt hat, ist ein seltsam weit entfernter Laut, ein Weinen.

Er lauscht einige Augenblicke, weckt dann Fanny; das ist ziemlich schwierig und erfordert Geduld. Fanny schläft immer tief und will ungern aufwachen. Schließlich dringt der schreckliche Laut in ihr umnebeltes Bewußtsein, sie schlägt die Augen auf, ist hellwach. Irgend jemand weint.

Ein Weinen, nicht richtig menschlich.

Fanny und Alexander stehen sofort auf. Das Zimmer ist nicht dunkel, die rosafarbene Nachtlampe leuchtet auf dem Sekretär. Sie öffnen die Tür zum Elternschlafzimmer. Dort leuchtet die Leselampe vom Nachttisch der Mutter.

Das Zimmer ist leer, das Bett der Mutter ist zerwühlt, die Kissen liegen auf dem Fußboden, über dem Bett des Vaters ist der Überwurf zusammengefaltet und glatt.

Das Weinen und das schreckliche Schluchzen sind jetzt deutlicher zu hören. Fanny und Alexander stehlen sich zur Eßzimmertür, die angelehnt ist. Sie sehen die Mutter, die auf einem Stuhl neben dem Sarg sitzt. Ihr Weinen ist wild und verlassen.

## 4

Natürlich konnte man Oscar Ekdahls letzten Wunsch nicht erfüllen. Beerdigungen sind für die Lebenden da und nicht für die Toten. Der Bischof machte seinen Kondolenzbesuch, ein stattlicher, breitschultriger Mann mit einem knotigen Gesicht über dem goldenen Kreuz und dem gutsitzenden Pastorenrock. Er erklärte, er wolle seinen Freund selbst beerdigen. Was sollte die Witwe auf ein solches Ansinnen antworten? Dann kam der Oberst in Ausgehuniform mit Trauerflor um den Arm und Tränen in den vorstehenden Augen mit den roten Äderchen und bestimmte, die Garnison werde eine Ehrenwache stellen, und das Orchester werde Chopins Trauermarsch spielen. Emilie lächelte blaß und gab sich Mühe, dankbar auszusehen, was ihr so gut gelang, daß der Oberst ihr immer wieder die Hand küßte und sie mit vor Rührung breiiger Stimme seines ewigen Schutzes und seiner tiefen Verehrung versicherte. Eine Stunde später stand der Universitätsrektor auf dem Salonteppich; ein sehr kleiner Herr mit üppigem Leib und wohlklingender Stimme. Sein Gesicht war rot vor Erregung. Er sagte, er repräsentiere nicht nur die Universität, sondern auch die Studentenvereinigungen, die Oscar Ekdahl eine letzte Huldigung darzubringen wünschten. Die schöne Witwe, viel hochgewachsener als der Rektor, sank auf einen Stuhl und neigte den Kopf. Das sah sowohl schön wie rührend aus und inspirierte den kleinen Mann, der eine kurze Betrachtung über die bahnbrechenden Einsätze des Oscar Ekdahl für das Kulturleben der Stadt vom Stapel ließ. Am selben Tag kam die versammelte Schauspielertruppe mit Herrn Landahl an der Spitze, um von ihrem Direktor Abschied zu nehmen. Emilie bot Wein und Kuchen an, Filip Landahl hielt eine kleine Rede, die er sich aufgeschrieben hatte; alle weinten offen.

Emilie dankte ihren Freunden und erklärte, Oscar Ekdahl habe auf dem Totenbett mit ihr über die Zukunft des Theaters gesprochen.

EMILIE In der Stunde vor seinem Tod war er bei Bewußtsein, vollkommen klar, er lachte sogar. Wir sprachen von praktischen Dingen, von der Zukunft der Kinder und ökonomischen Angelegenheiten. Er sprach auch von unserem Theater. Er wurde sehr ernst und sagte: »Alles muß wie gewöhnlich weitergehen, Emilie.« Wir machen also mit der Arbeit weiter. Auf Wunsch Oscars übernehme ich die Leitung des Theaters. Morgen werden die Proben wiederaufgenommen. Unsere Hamlet-Premiere findet zum festgesetzten Termin statt.

FILIP LANDAHL *feierlich.*
Auf diese Weise können wir unseren Direktor am allerbesten ehren, unseren lieben Oscar Ekdahl.

Nach einem kurzen, von Rührung und unterdrücktem Schluchzen gesättigten Schweigen umarmten die Schauspieler und die Schauspielerinnen ihre neue Chefin, küßten sie und versprachen ihr Fleiß, Ausdauer, Treue und Talent. Aller Krach und alle Intrigen waren vergessen; das Leben stellte sich eigentlich recht schön dar, obwohl es so grausam war.

So wurde die Beerdigung Oscar Ekdahls zu einem alles überschattenden Ereignis in der Chronik der Stadt. Der Bischof hielt die Grabrede, die Garnisonen hielten die Ehrenwache, die Studenten standen Spalier, die Fahnen der Freimaurer flatterten in dem grimmigen Wintersturm, die Militärkapelle spielte Chopin, und der Dom war vollbesetzt von einem andächtigen Publikum, das eine ergreifende Solodarbietung Frau Helena Ekdahls, geborene Mandelbaum, genießen durfte. Mit einigen kurzen, von Rührung zerfressenen Sätzen nahm sie von ihrem Sohn Abschied. Man bekam auch die schöne Witwe zu sehen, die in ihrer Trauer versteinert war, schwer gegen den Arm des Bischofs gestützt. Man bekam die drei vaterlosen Kinder zu sehen, die, einander an den Händen haltend, der Mutter folgten. Aber niemand außer Fanny konnte Alexanders Monolog hören. Da gingen sie also. Amanda, Fanny und Alexander; Amanda schon bereit, an den rituellen Spielen der Erwachsenen teilzunehmen, die jüngeren Geschwister von den überwältigenden Eindrücken der letzten Tage allzu übermüdet. Die Kapelle spielte, die Orgel fauchte, die Glocken dröhnten unter den Gewölben, der lange Schleier der Mutter, das gewaltige Kreuz des Bischofs, das in dem faltenreichen Priestergewand steckte, und vorn der braunglänzende silberbeschlagene Sarg, hoch auf den Schultern der Schauspieler, schaukelnd wie ein Schiff in Seenot. Die Gemeinde erhob sich, auf Böden und Bänken knallte und polterte es, vor dem geöffneten Portal tobte der Januarsturm, das Kirchenschiff war eisig kalt, obwohl die hohen Eisenöfen glühten. Fanny hörte, daß ihr Bruder etwas vor sich hin murmelte, meistens waren es einzelne Wörter, ein Wort für jeden Schritt.

Sie spitzte ihre Ohren, um durch den Lärm und die Trauermusik hindurch etwas zu verstehen.

ALEXANDER Verflucht – Teufel – Schwanz – Scheiße – Mist – Pimmel – Fotze – Satan – Vögeln – Pimpern – Scheißen – Arsch – Pisse – Sack – Hintern – Möse –

Fanny drückte heftig seine Hand, er wandte den Kopf und sah sie ernst an. Da lächelte sie blitzschnell.

Es wurde schon dunkel, als der Sarg in das Ekdahlsche

Familiengrab hinabgesenkt wurde. Der Schneesturm hatte sich gelegt, aber es war beißend kalt.

Der Leichenschmaus ist Sache Frau Helenas, mit perfekter Regie und Durchführung. Rund hundert Gäste essen die vierzehn Gerichte und trinken die sieben Weine. Der Gesprächslärm, zunächst gedämpft und eher höflich, schwillt im Verlauf des Abends zu warmer, aber würdiger Ausgelassenheit an und übertönt vollständig das Streicherensemble, das vom Salon aus eine Stimmung leichter Melancholie zu schaffen versucht. Emilie neigt sich zur Seite, um dem Bischof zu lauschen, der ununterbrochen und mit strahlenden Augen redet. Ihre blassen Wangen haben Farbe bekommen, und der weiche Mund lächelt hastig und rücksichtsvoll, ohne den sanften Ernst zu stören, der ihre ranke Gestalt umgibt.

Fanny und Alexander haben von ihrer Mutter die Erlaubnis erhalten, das Fest zu verlassen. Sie haben sich ins Kinderzimmer zurückgezogen; sie sind traurig und schläfrig, sitzen lustlos mit Zeichenpapier und Farbstiften an dem weißen Tisch, tragen immer noch ihre feinen Kleider, die schwarzen Wollstrümpfe jucken, der Seemannskragen ist verrutscht, und Fannys schwarze Haarrosette hängt schlaff herab.

Von sehr weit her sind Stimmengewirr und die klagenden Töne des Streichorchesters zu hören. Fanny gähnt, Alexander gähnt; niemand kommt, um sie ins Bett zu bringen, mit ihnen zu Abend zu beten, die Nachtlampe anzuzünden.

Maj hilft zusammen mit den anderen Dienstmädchen sowie den Serviererinnen aus dem Theaterrestaurant beim Auftragen.

Aus dem kleinen Salon, der an das Elternschlafzimmer grenzt, ist leise Musik zu hören, einzelne, tastende Töne des alten ungestimmten Klaviers.

Fanny und Alexander lauschen, hören aufmerksam zu, es fängt an, in die Haarwurzeln zu kriechen. Irgend jemand befindet sich in dem kleinen Salon, irgend jemand spielt auf Mutters Piano. Irgend jemand.

Ohne miteinander zu sprechen, nehmen sie sich bei der Hand und gehen durch das dunkle Schlafzimmer zum kleinen Salon. Dort leuchtet auf dem Sekretär der Mutter eine abgeschirmte Spirituslampe; sie gibt ein warmes, unsicheres Licht mit vielen Schatten und tiefem, gelblichem Dunkel hinter den Möbeln. Am Klavier sitzt ein Mann; er sitzt mit gebeugtem Kopf und dem Rücken zum Zimmer; die Hand geht suchend über die Tasten. Er wendet das Gesicht den Kindern an der Tür zu. Es ist Oscar Ekdahl.

## Der Aufbruch

### 1

Es wird ›Was Ihr wollt‹ gespielt; man ist fast zum Ende gekommen und hat den letzten Tanz getanzt. Alle sind in ihren Bewegungen erstarrt, wie Puppen mit erstaunten Augen. Alle haben ihre Wünsche erfüllt bekommen, Malvolio sinnt in der Kulisse auf Rache. Über dem Meer Illyriens wird es dunkel, und der Maschinenmeister hat einen richtigen Regen organisiert, der gegen die Fenster des Palastes tropft und rieselt.

Der Narr (er wird von Herrn Landahl gespielt) ist auf eine Leiter hinaufgeklettert, wobei er auf der Glatze eine brennende Kerze balanciert.

DER NARR *singt zur Laute.*
Und als ich ein winzig Bübchen war,
Hoppheißa, bei Regen und Wind!
Da machten zwei nur eben ein Paar;
denn der Regen, der regnet jeglichen Tag.

Und als ich vertreten die Kinderschuh,
Hoppheißa, bei Regen und Wind!
Da schloß man vor Dieben die Häuser zu;
denn der Regen, der regnet jeglichen Tag.

Und als ich, ach! ein Weib tät freien,
Hoppheißa, bei Regen und Wind!
Da wollt mir müßiggehen nicht gedeihen;
denn der Regen, der regnet jeglichen Tag.

Und als der Wind mir steckt im Kopf,
Hoppheißa, bei Regen und Wind!
Da war ich ein armer betrunkener Tropf;
denn der Regen, der regnet jeglichen Tag.

Die Welt steht schon eine hübsche Weil',
Hoppheißa, bei Regen und Wind!
Doch das Stück ist nun aus, und ich wünsch
euch viel Heil;
und daß es euch künftig so gefallen mag.

Ein Augenblick der Stille. Dann rasselt es in den Holztaljen und Gegengewichten des Schnürbodens, der Vorhang fällt. Vom Zuschauerraum hört man den Beifall, und die Schauspieler stellen sich auf, um den Applaus entgegenzunehmen.

Emilie spielt die Olivia, Fräulein Schwartz die Viola, der Herzog wird von dem neuen Star des Theaters, Herrn Tomas Graal, dargestellt, der Malvolio von dem etwas ausschweifenden, aber im komischen Fach hochbegabten John Armfeldt, die Kammerjungfrau Maria von der fülligen Grete Holm, Tobias Raab vom ruhenden Pol des Theaters, dem umfangreichen Herrn Salenius, der einen Umhang als Mantel trägt und heimliche Laster ahnen läßt.

Die Kinder sind auch dabei, nicht nur Amanda, Fanny und Alexander, sondern auch Jenny ist es gelungen, ihre Mutter von der Notwendigkeit ihrer Mitwirkung zu überzeugen. Sie tragen zwar die gleichen Pagenkostüme wie im Hamlet, aber im letzten Akt schleppen sie Tabletts mit gefüllten Weingläsern.

Als der Applaus verebbt, versammeln sich die Schauspieler um Emilie. Sie setzen sich auf die Stühle, die die Bühnenarbeiter hereingetragen haben, oder lehnen sich gegen die Balustrade hinter Orsinos Thron. Die Lichtrampen werden nacheinander gelöscht, die Probenlampe wird herabgelassen, Schatten nehmen die Bühne ein, das graue Licht schaukelt langsam, die Gesichter der Schauspieler werden bleich und hohläugig. In den Kulissenschluchten sind einige Arbeiter zu sehen, bereit, so bald wie möglich die Bühne zu räumen. Der eiserne Vorhang sinkt mit schwerem Rasseln herab.

EMILIE Heute vor einem Jahr ist mein Mann gestorben. Er wollte, daß wir wie immer weitermachen, und wir haben wie immer weitergemacht, obwohl alles ganz anders gewesen ist. Wir haben viele Erfolge und einen großen Zulauf des Publikums gehabt, wir haben unsere Gehälter erhöhen können und die Möglichkeit gehabt, für unser Ensemble drei neue Kräfte zu engagieren. Wir haben zusammengehalten –

Sie verstummt und sitzt eine Weile versunken, wie geistesabwesend da. Als sie wieder zu sprechen beginnt, tut sie es mit einer anderen Stimme, fast unhörbar und suchend.

EMILIE Dann ziehen wir das Theater wie einen Mantel aus Geborgenheit über den Kopf. Wir merken kaum, daß die Jahre vergehen. Daß das Leben verrinnt, so heißt es doch? Die Logen sind warm und hell, die Bühne umschließt uns mit freundlichen Schatten. Die Dichter erzählen uns, was wir sagen und denken sollen. Wir können lachen und weinen und rasen. Da draußen in der Dunkelheit sitzen Menschen, die uns mögen; sie sind merkwürdig treu, obwohl wir ihnen oft Steine statt Brot geben. Um uns selbst vor der Umwelt zu rechtfertigen, behaupten wir, unser Beruf sei schwer. Das ist eine Lüge, die die Umwelt akzeptiert, weil es viel mehr Spaß macht, etwas Schweres anzusehen, als etwas Leichtfertiges. Wir spielen fast immer. Wir spielen, weil wir finden, daß es Spaß macht. Wenn es uns keinen Spaß macht, werden wir böse und geben den Umständen die

Schuld, niemals uns selbst. So leben wir unser Leben in Selbstbetrug, scharfsichtig gegenüber anderen, uns selbst gegenüber nachsichtig. Wie steht es mit dem Selbstvertrauen, dem Selbstgefühl, der Selbsteinsicht; Eigenschaften, die es in unserem Beruf kaum gibt. Wenn jemand sagt, ich bin gut, dann *bin* ich gut und fühle mich froh. Wenn jemand sagt, ich sei schlecht, dann *bin* ich schlecht und werde traurig. Was ich wirklich *bin*, weiß ich nicht, weil ich mir nie die Mühe mache, die WAHRHEIT über mich selbst herauszufinden. Ich kümmere mich nur um mich selbst, und das ist etwas ganz anderes. Ich kümmere mich auch nicht um die Wirklichkeit. Sie ist farblos und ohne jedes Interesse, sie geht mich nichts an. Kriege und Revolutionen und Seuchen und Armut und Ungerechtigkeit und Vulkanausbrüche sind unwichtige Dinge, wenn sie nicht gerade auf die eine oder andere Weise mit der Rolle zu tun haben, mit der ich mich gerade beschäftige. Es gibt Schauspieler, die behaupten, sie interessieren sich für die Umwelt, aber ich weiß, daß das ein Selbstbetrug ist.

Die Schauspieler stehen stumm und mutlos da, niemand sagt etwas, niemand protestiert oder zweifelt das Gesagte an.

Emilie sieht sich um, begegnet nur leeren, blassen Gesichtern unter Masken und Perücken, traurigen oder fragenden Blicken: »Bin ich es, die Sie gerade beschimpfen?« Sie schüttelt den Kopf, als sei die Frage wirklich gestellt worden.

EMILIE Ihr seht mich an, als wäre ich wütend auf euch. Es ist genau umgekehrt. Weil wir uns mögen, wage ich zu sagen, was ich fühle. Vielleicht bin ich gerade so selbstsüchtig, wie ich nicht sein will. Vielleicht irre ich mich.

TOMAS GRAAL Du hast das Theater satt?

EMILIE Ich glaube schon.

TOMAS GRAAL Du willst vielleicht aufhören.

EMILIE Ich will vielleicht ganz und gar aufhören.

FRÄULEIN SCHWARTZ Was wird, wenn du aufhörst?

EMILIE Auch wenn ich aufhöre, soll alles wie immer weitergehen.

JOHN ARMFELDT Und wer wird unser Direktor?

EMILIE Das müßt ihr selbst entscheiden, wenn es an der Zeit ist. *Falls* es dazu kommt. Ich habe mich noch nicht entschieden.

*Pause – dann lächelnd.*

Und jetzt schlage ich vor, daß wir uns Gute Nacht sagen. Es ist spät, und ich habe viel zuviel geredet. Es war nicht meine Absicht, euch zu beunruhigen.

Emilie nickt ihren Kollegen zu, ruft die Kinder und zieht sich in die Loge zurück, die früher Oscar Ekdahls Büro war. Die Schauspieler bleiben auf der Bühne stehen, betrachten einander beschämt und mit müdem, halbem Lächeln.

HERR SALENIUS Ich brauche einen Schnaps und ein Butterbrot.

TOMAS GRAAL Ich habe ein Angebot von der Lindbergschen Gesellschaft bekommen, also, mir ist es gleich.

FRÄULEIN SCHWARTZ Ich glaube, daß etwas dahintersteckt.

GRETE HOLM Hast du nicht gehört?

FRÄULEIN SCHWARTZ Du meinst, es stimmt?!

## 2

Es ist ein Tag Anfang Mai; der Frühling ist gekommen, und es ist warm. Studenten und Dozenten haben ihre Wintermäntel in die Pfandleihe gebracht, und die Studentinnen tragen helle Kleider. Die Abende sind mild, und wieder löst ein Fest das andere ab. Im Theater hat man den Brüsseler Teppich und die Kanapees hervorgeholt und spielt eine Komödie von Scribe.

Als Alexander von der Schule nach Hause kommt, sitzen Amanda und Fanny in der Küche und trinken Schokolade und essen Käsebrote. Alida backt Kuchen, Maj stopft Strümpfe, und Siri putzt Kupfer. Alexander merkt sofort, daß etwas nicht in Ordnung ist. Amanda und Fanny blinzeln schadenfroh über ihre Schokoladentassen hinweg. Alida und Siri erwidern seinen Gruß nicht, und Maj sieht traurig aus, als sie ihm seine Schokolade serviert. Alexander bekommt sofort Bauchschmerzen, sagt aber nichts. Amanda flüstert etwas zu Fanny, Fanny flüstert Amanda etwas zu, beide kichern. Emilie steht plötzlich in der Tür. Sie ist schön gekleidet, trägt ein hellgraues Kleid mit einer breiten bestickten Schärpe und durchsichtigen Ärmeln. Sie spricht mit ernster Stimme zu Alexander.

EMILIE Wenn du deine Schokolade ausgetrunken hast, will ich mit dir sprechen.

Sie entfernt sich sofort. Alexander seufzt. Er stellt die Schokoladentasse ab, steht vom Tisch auf und geht mit entschlossenen Schritten durch die Halle, das Eßzimmer und den kleinen Salon, klopft an die Schlafzimmertür, die Mutter ruft »Herein!«, und dann steht er da und fühlt sich beschämt, ohne die Ursache zu wissen.

Emilie sitzt im Sessel am Fenster; die Sonne flutet über sie herein; sie ist auf irgendeine Weise selbstleuchtend und ein wenig fremd.

EMILIE Wir wollen in die Bibliothek gehen und jemanden begrüßen, der hergekommen ist, um uns Guten Tag zu sagen.

*Pause.*
Es ist jemand, der mit dir sprechen will.
*Pause.*
Es hat keinen Sinn, daß du anfängst zu weinen.

ALEXANDER Was hab ich getan?

EMILIE Das weißt du selbst am besten. Komm, laß uns gehen.

Die Mutter steht auf und nimmt ihren Sohn bei der Hand. Sie gehen in die Bibliothek. Dort steht der Bischof und blättert in einem der Bücher des Vaters. Er dreht sich sofort um und lächelt den Eintretenden zu. Aus dem Blickwinkel Alexanders ist Edvard Vergerus imponierend: ein hochgewachsener, breitschultriger Mann mit einem großen, kantigen Gesicht, das von grauweißen Haaren und einem grauweißen Bart eingerahmt ist. Die Augen sind von einem intensiven Blau. Er trägt ein Priestergewand, und das goldene Kreuz blitzt auf dem schwarzen Stoff. Er reicht Alexander die große Hand, und Alexander verneigt sich tief. Die Mutter setzt sich auf das breite Ledersofa.

VERGERUS Guten Tag, Alexander.

ALEXANDER Guten Tag.

VERGERUS Wir sind uns schon früher einmal begegnet, du und ich.
*Pause.*
Unter traurigen Umständen.
*Pause.*
Als ich deinen Vater beerdigte.

ALEXANDER Ja.

VERGERUS Während der vergangenen Zeit hat deine Mutter, mangels einer männlichen Stütze, sich von Zeit zu Zeit mit ihren Sorgen an mich gewandt. Das ist völlig natürlich. Ich bin ein naher Freund deiner Großmutter und der Seelsorger der Gemeinde.

EMILIE Der Bischof ist in dieser schwierigen Zeit sehr gut zu mir gewesen, Alexander, und ich weiß nicht, wie ich ohne seine Hilfe ausgehalten hätte.
VERGERUS Wir haben auch über dich gesprochen, mein Kleiner.

Der Bischof hat sich auf den Stuhl beim Bibliothekstisch gesetzt und einen Lederbeutel hervorgeholt, in dem er eine Pfeife und eine kleinere, mit Tabak gefüllte Tüte aufbewahrt.

Er stopft sorgfältig seine Pfeife und zündet sie an, lehnt sich zurück und beobachtet Alexander mit seinen intensiven, blaustrahlenden Blicken.

EMILIE Ich habe dem Bischof erzählt, wie stolz und froh ich über meine lieben Kinder bin.
VERGERUS Du und deine Geschwister, ihr seid tüchtig in der Schule, wie ich höre. Ihr seid fleißig und aufmerksam und bekommt zu Weihnachten gute Zeugnisse. Nicht wahr, Alexander?
ALEXANDER *flüstert.* Ja.
VERGERUS Du sollst keine Angst haben. Ich bin dein Freund und will dir wohl. Das glaubst du doch?
ALEXANDER *den Tränen nahe.* Ja.
VERGERUS Fleiß und gute Zeugnisse sind nicht alles auf der Welt.
EMILIE Putz dir die Nase, Alexander.

Alexander schneuzt sich.

EMILIE Dein Taschentuch ist ja scheußlich schmutzig. Hat dir die Maj heute kein sauberes gegeben?
ALEXANDER Doch.
*Schneuzt sich, flüstert.*
Verdammte Scheiße.
VERGERUS *hört auf dem Ohr nichts.*

Wie ich sagte: Fleiß und gute Zeugnisse sind nicht alles auf dieser Welt.

EMILIE Jetzt mußt du dem Bischof zuhören, Alexander.

VERGERUS Das tut er bestimmt. Nicht wahr, Alexander? Du bist jetzt gerade ziemlich gespannt auf das, was ich sagen will.

Alexander schnieft.

VERGERUS Du bist dabei, erwachsen zu werden, Alexander. Deswegen will ich mit dir wie ein Erwachsener zu einem Erwachsenen reden. Kannst du mir sagen, kannst du mir beschreiben, was eine Lüge und was reine Wahrheit ist. Kannst du das?

Alexander bleibt stumm.

VERGERUS Du findest das eine dumme Frage, das war es auch. Ich wollte mir nur einen kleinen Spaß mit dir erlauben. Selbstverständlich weißt du, was Lüge und was Wahrheit ist, nicht wahr, Alexander?

ALEXANDER Ja.

VERGERUS Das ist gut, das ist gut, mein Junge. Du weißt auch, warum man lügt. Warum lügt man?

Alexander schweigt.

VERGERUS Warum lügt man, Alexander? Du sollst mir erzählen, warum man lügt.

ALEXANDER Weil man nicht die Wahrheit sagen will.

VERGERUS *lacht.*

Das war eine sehr lustige Antwort, mein junger Freund. Aber so leicht kommst du nicht davon. Also frag ich dich: warum will man nicht die Wahrheit sagen?

ALEXANDER Ich weiß nicht.

Alexander blickt zu Boden und fühlt, wie sein Skelett ihn langsam verläßt und durch die Fußsohlen aus ihm herausfließt und sich auf dem hellen Orientteppich der Bibliothek ausbreitet. Der Bischof lächelt vor sich hin und steckt einen langen gelben Finger in den Pfeifenkopf, um die Glut zusammenzupressen. Emilie betrachtet mit trauriger Miene ihren störrischen Sohn.

VERGERUS Wir haben sehr viel Zeit, Alexander, und ich bin so sehr an deiner Antwort interessiert, daß ich hier sitzen bleiben werde, bis sie kommt. Du glaubst es zwar nicht, aber es stimmt tatsächlich.

ALEXANDER Man lügt, um einen Vorteil zu gewinnen.

VERGERUS Gut geantwortet, mein Junge! Gut und knapp. Jetzt werde ich weiter fragen, und jetzt mußt du mir verzeihen, wenn ich ein bißchen persönlich werde. Kannst du deiner Mutter und mir erzählen, warum du in der Schule gelogen hast?

ALEXANDER *starrt die Mutter an.*
Was?

EMILIE Dein Klassenlehrer hat mir geschrieben und mitgeteilt, daß du in der Klasse die unglaublichsten Lügen verbreitet hast.

ALEXANDER *geschlagen.*
Was?

EMILIE Willst du leugnen, daß du – daß du vor deinen Klassenkameraden behauptet hast, daß – daß ich dich an einen herumreisenden Zirkus verkauft haben soll –
*liest in dem Brief –*
und daß die Zirkusleute nach Ende des Schuljahres kommen werden, um dich zu holen. Daß du zum Akrobaten und Zirkusreiter ausgebildet werden sollst, zusammen mit einer gleichaltrigen Zigeunerin, die Tamara heißt.

Alexander schweigt vernichtet.

VERGERUS Du wirst sicher verstehen, daß deine Mutter

sowohl entsetzt als auch traurig war, als sie diesen Brief las. Sie wußte nicht, was sie machen sollte. Ich habe vorgeschlagen, mit dir über dieses traurige Problem zu sprechen, und hier bin ich nun, wie du siehst.

EMILIE Du solltest dem Bischof dankbar sein, der sich für dich Zeit nimmt, verstehst du das, Alexander?

Alexander senkt den Kopf.

VERGERUS Wir sind uns also darin einig, daß derjenige, der lügt, mit seiner Lüge einen Vorteil gewinnen will. Jetzt frage ich dich ganz logisch: welchen Vorteil glaubtest du mit der Behauptung zu gewinnen, daß deine Mutter dich an einen Zirkus verkauft hat.

ALEXANDER Ich weiß nicht.

VERGERUS Ich glaube, du weißt es sehr wohl, aber du schämst dich zu antworten. Du schämst dich, nicht wahr? Das ist gut, mein junger Freund. Das ist sehr gut. Es beweist, daß du dich künftig vor ähnlichen Ausschweifungen hüten wirst. Jetzt wirst du deine Mutter wegen all der Sorgen und Unruhe, die du ihr bereitet hast, um Verzeihung bitten.

Geh zu deiner Mutter und bitte sie um Verzeihung.

*Pause.*

Du hörst, was ich sage, nicht wahr, Alexander?

Alexander hat mit krampfhaft hochgezogenen Schultern und gesenktem Kopf dagestanden, er weint nicht mehr, die Hände sind geballt. Endlich geht er zu seiner Mutter hin.

ALEXANDER Ich bitte dich um Verzeihung, Mutter, weil ich gelogen habe, ich verspreche, es nie mehr zu tun.

Die Mutter umarmt den erstarrten Alexander und zieht ihn auf ihren Schoß. Er bleibt sitzen wie eine Marionette, die die Fäden verloren hat.

VERGERUS So ist es gut, Alexander. Die Sache ist aufgeklärt und braucht nie mehr diskutiert zu werden. Phantasie, verstehst du, das ist etwas Großartiges, eine gewaltige Kraft, eine Gabe Gottes. Sie wird für unsere Rechnung von den großen Künstlern, den Dichtern, den Musikern verwaltet.

Der Bischof hat sich erhoben. Er gibt Alexander mit der knochigen Hand immer wieder einen Klaps in den Nacken.

EMILIE Ich werde die Mädchen bitten, hereinzukommen.

Alexander merkt plötzlich, daß die Mutter erregt und anders ist; ihre Augen glänzen fieberhaft, und sie hat rote Flecken auf den Wangen. Sie steht mit nervöser Lebhaftigkeit auf und lacht dem Bischof zu, eilt in das Eßzimmer hinaus und ruft Fanny und Amanda.

Für eine kurze Zeit sind der Bischof und Alexander aufeinander angewiesen. Für den Bruchteil einer Sekunde begegnen sich ihre Blicke. Edvard Vergerus lächelt; Alexander erwidert das Lächeln nicht.

Dann stehen alle gemeinsam in der Bibliothek, umstrahlt von dem freundlichen Sonnenlicht. Emilie mit den Kindern und der Bischof mit seinem goldenen Kreuz.

EMILIE Ich habe euch etwas Wichtiges zu sagen.

Alexander wendet den Kopf; hinter Emilies Rücken, halb verdeckt von der Türöffnung, sieht er Oscar Ekdahl, der sie ernst und vielsagend betrachtet. Mit diesem Anblick ist für ihn keine Furcht verbunden, auch kein Erstaunen. Die Gegenwart des Vaters scheint selbstverständlich zu sein, wenig gespensterhaft.

Alexander fragt sich, ob die Geschwister ihn genauso deutlich und nahe sehen können. Das scheint nicht der Fall zu sein. Fanny interessiert sich am meisten für eine große Frühlingsfliege, die an der Fensterscheibe herumsummt, und Amanda streckt ihre schöne Fessel aus und blinzelt unter langen Augenfransen auf ihre vorgeschobene Unterlippe hinab.

Die Mutter hat offenbar etwas gesagt, und Alexander hat nicht zugehört. Oder aber Emilie hat den Faden verloren und ist mangels Souffleur von Schweigen geschlagen worden. Vielleicht ahnt sie die Gegenwart des Toten. Später, als Erwachsener, als Alexander versucht, sich an diesen Augenblick zu erinnern: das Gesicht der Mutter, den Bart des Bischofs und die Bewegungen der Geschwister, kann er sich vorstellen, daß seine Mutter plötzlich von einer Müdigkeit ergriffen worden ist, vielleicht von einer Melancholie, hervorgerufen durch die Gegenwart des Toten. Wie dem auch sei: Emilie hat Tränen in den Augen und reißt das kleine Spitzentaschentuch heraus, das sie immer an der spitzenbesetzten Manschette bei sich trägt.

VERGERUS Ich bin überzeugt, wir werden –
EMILIE Natürlich wird sehr vieles –
VERGERUS Möge Gott in Gnade auf unsere kleine Familie achten.

Alexander meint das freundliche, ironische Lachen des Vaters zu hören, aber der ist nicht mehr da. Emilie umarmt ihre Kinder und küßt sie, sie weint still und näßt ihre Haare und Wangen mit ihren Tränen. Dann nimmt sie sie nacheinander bei der Hand und führt sie zum Bischof hin, der sich herunterbeugt und sie auf die Stirn küßt. Er riecht nach Tabak und Mottenkugeln.

VERGERUS Ich wünsche, daß wir niederknien und uns in einem innigen Gebet vereinen.

Der Bischof fällt auf die Knie.

VERGERUS Möge Gott, unser Vater, in Gnade auf unsere kleine Familie achten und uns segnen und uns vor allem Bösen bewahren, solange wir leben. Ich bitte dich, Gott, mir die Kraft zu geben, diesen vaterlosen Kleinen ein Schutz und ein Vorbild zu sein. Ich bitte dich auch um die Kraft, dieser jungen, einsamen Frau eine Stütze zu sein.

ALEXANDER *leise für sich selbst.*

Pißpott, Fickpott, Kackpott, Kotzpott, Schwanzpott, Klopott, Fotzenpott, Scheißpott, Mistpott, Furzpott –

## 3

Der bischöfliche Hof liegt gegenüber dem Dom und wurde Ende des 15. Jahrhunderts erbaut. Es ist ein langgestreckter steinerner Bau mit nicht zu zählenden dunklen Zimmern, dicken Mauern, kleinen Fenstern, hohen Türschwellen und Fußbodendielen mit vielen Astlöchern. An der Decke sieht man die Balken, und im Festsaal und einigen weiteren Zimmern sind sie mit Bildern aus dem Alten Testament bemalt. Es wird sommers wie winters in den uralten Kachelöfen geheizt, um die feuchte Kälte fernzuhalten. Unterhalb des westlichen Giebels wirbelt der Fluß, schwarz und tief, die Hauswand fällt steil in das dunkle Wasser ab. Der Bischof und seine Vorgänger sind an den Bequemlichkeiten des Lebens nicht interessiert gewesen.

Der Stil der Einrichtung ist kantig und schwer. An den Wänden hängen Bilder von Bischöfen und Bischofsfrauen vieler Generationen sowie dunkel werdende Gemälde, die Heilige mit oder ohne Heiligenschein darstellen. Die Büchersammlung des Bischofs befindet sich in einem Zimmer, das durch zwei Stockwerke geht und mit hohen

Leitern ausgerüstet ist sowie einer Balustrade, die an den Wänden entlang verläuft. Gegenüber dem Schreibtisch des Bischofs hängt ein hohes Bild, das Abrahams Opfer zeigt: der nackte Isaak liegt mit verbundenen Augen auf dem Altar. Der Vater hält das Messer gegen den gespannten, nach hinten gebeugten Hals des Sohnes. Ein Engel mit zorniger Miene nähert sich vom Himmel her.

Im Haus des Bischofs leben drei Frauen. Zunächst einmal die Mutter des Bischofs, die alte Frau Blenda Vergerus, eine anscheinend sanfte und liebenswürdige Dame mit außerordentlicher Haltung und reinen Gesichtszügen, ferner Henrietta Vergerus, die Schwester des Bischofs. Sie steht dem Haushalt vor und ist in allem anders als ihr Bruder: klein, dunkel und lebhaft mit stechenden braunen Augen und schwerem schwarzem Haar.

Der Bischof hat auch eine Tante, Fräulein Ellen Bergius, die unförmig fett ist. Sie sitzt unbeweglich in einem Stuhl, umgeben und gestützt von Kissen, und hat während der letzten zwanzig Jahre eigentlich nichts gesagt. Die Gerüchte besagen, daß Fräulein Bergius in ihrer Jugend eine Schönheit gewesen sein soll, daß aber eine schändliche Krankheit ihr Leben zerstört habe.

In der Küche herrscht ein rattenähnlicher Schatten mit durchdringender Stimme und mageren Händen. Sie heißt Malla Tander und terrorisiert einige elende und unterdrückte Mägde, einen schmutzigen, einfältigen Hausarbeiter und einen versoffenen Kutscher.

Emilie und die Kinder sind zum erstenmal zu Besuch in ihrem künftigen Heim, und der Bischof führt sie, von der Mutter und der Schwester gefolgt, durchs Haus. Man wandert langsam von Zimmer zu Zimmer, und Edvard Vergerus spricht nicht ohne Stolz von seinem bischöflichen Haus.

EDVARD VERGERUS Im fünfzehnten Jahrhundert, als dieses Haus gebaut wurde, nahm man es mit der Bequemlichkeit nicht so genau. Meine Vorgänger haben es sich angelegen sein lassen, alles in unverändertem Zustand zu bewahren, und ich folge dieser Tradition. Nichts darf ausgetauscht oder umgebaut werden. In diesen alten Räumen liegt eine Schönheit, die unvergänglich ist. Wir wollen dankbar sein, daß wir in einer Atmosphäre der Reinheit und der Strenge leben dürfen.

Es soll darauf hingewiesen werden, daß der Bischof seine Prinzipien mit höflicher Liebenswürdigkeit vorträgt; er spricht aufrichtig und mit Wärme und hält den Arm schützend um Emilies Schultern gelegt (drückt sie unmerklich an sich). Er hält Fanny an der Hand. Amanda und Alexander bilden die Nachhut, die den Kopf hängen läßt. Die Schwester und die Mutter eilen vorweg, lächelnd und zuvorkommend. Die beiden Frauen versuchen Emilie auf vielfache Weise zu zeigen, daß sie willkommen ist, daß der geliebte Sohn und Bruder eine gute Wahl getroffen hat.

VERGERUS Ich möchte, daß du meine Tante begrüßt. Erschrecke nicht, Emilie, habt keine Angst, Kinder, es ist nichts Gefährliches. Jetzt kannst du die Tür aufmachen, liebe Schwester. Dies ist meine Tante, Fräulein Ellen Bergius. Guten Tag, Tante. Wie geht's dir heute? Stell dir vor, wir haben Besuch, und das ist kein x-beliebiger Besuch. Es ist meine künftige Frau! Emilie Ekdahl, die berühmte Schauspielerin, von der du sicher gehört hast.

EMILIE Guten Tag, Frau Bergius. Jetzt begrüßt Tante Bergius, Kinder. Komm, Amanda, steh da nicht so herum.

VERGERUS Nein, nein, das macht doch nichts. Wenn Fanny und Alexander heute nicht Guten Tag sagen wollen, dann können sie das auch an einem anderen Tag tun. Das macht absolut nichts. Wir wollen sie nicht zwingen.

Die unförmige Frau betrachtet die Kinder mit scharfen Blicken hinter den Fettwülsten der Augenlider hervor; sie hat ein schwaches, sarkastisches Lächeln auf den Lippen und nickt wiederholt. Beim Atmen bringt sie einen Laut hervor, der einer rostigen Pumpe ähnelt. Um die zusammengesunkene Gestalt steht ein Geruch von saurer Feuchtigkeit.

VERGERUS Und jetzt ist es Zeit, Frau Tander zu begrüßen, unsere tüchtige Kochfrau, die seit dreißig Jahren bei unserer Familie lebt. Guten Tag, Frau Tander, dies ist also meine zukünftige Frau, Frau Emilie Ekdahl, und dies sind ihre Kinder Amanda, Fanny und Alexander.

FRAU TANDER *macht einen Knicks.*
Guten Tag, Frau Ekdahl, und herzlich willkommen!

EMILIE *erschreckt.*
Guten Tag, Frau Tander.

HENRIETTA Und dies sind unsere tüchtigen Hilfen: Karna, Selma und die kleine Justina. Unseren Hausarbeiter kannst du ein anderes Mal kennenlernen, er besorgt gerade etwas in der Stadt, und der Kutscher ist wie gewöhnlich krank. Wollen wir zu Tisch gehen?

Man kehrt in die oberen Regionen des Hauses zurück. Die mächtige Steintreppe mit den hohen Säulen und den grünschimmernden engen Fenstern hallt von Echolauten, die einander kreuzen, und angestrengtem Lachen wider. Der Bischof hat Emilie bei der Hand genommen und sie zu sich ins Schlafzimmer gezogen. Sie sind beide etwas außer Atem, weil sie den anderen vorausgeeilt sind.

VERGERUS Ich habe einen Wunsch. Einen einzigen Wunsch, aber einen wichtigen. Ich will dir meinen Wunsch jetzt gleich sagen, damit du die Möglichkeit hast, deine Meinung zu ändern, falls du es für unmöglich hältst, ihn zu erfüllen.

EMILIE Sage deinen Wunsch.

VERGERUS Ich will, daß ihr, du und deine Kinder, ohne Besitztümer in mein Haus kommt.

EMILIE Wie meinst du das?

VERGERUS Du bist eine vermögende Frau, du bist einen Luxus gewöhnt, den ich dir nicht bieten kann. Darum will ich, daß du das Theater verläßt.

EMILIE Darüber sind wir uns ja schon einig geworden. Küß mich jetzt und sag, daß ich für den Bischof eine Gabe Gottes bin.

VERGERUS *küßt sie hastig.*

Ich will, daß du dein Haus verläßt, deine Kleider, deinen Schmuck, deine Möbel, deine Freunde, deine Besitztümer, deine Gewohnheiten, deine Gedanken. Ich will, daß du dein früheres Leben ganz und gar abstreifst.

EMILIE Soll ich nackt kommen?

VERGERUS *lächelt.*

Es ist ernst, meine Geliebte. Du sollst wie eine Neugeborene in dein neues Leben eintreten.

EMILIE Und die Kinder?

VERGERUS Die Kinder auch.

EMILIE Ihre Spielsachen, ihre Puppen, Bücher – kleine –

VERGERUS *unterbricht sie.* Nichts.

EMILIE Ich muß mit den Kindern sprechen.

VERGERUS Das ist deine Entscheidung, Emilie.

EMILIE Ich kann für mich selbst entscheiden. Nicht für die Kinder. Darum muß ich sie fragen.

VERGERUS Sie müssen etwas für das Glück ihrer Mutter opfern.

EMILIE Du bist jetzt schon böse. Küß mich!

VERGERUS Ich bin nicht im mindesten böse.

*Küßt sie lächelnd.*

EMILIE Ich werde sie schon auf meine Seite bringen.

VERGERUS Du mußt dir überlegen, was du sagst, Emilie.

EMILIE Ich habe schon überlegt. Mein Leben ist leer und oberflächlich gewesen, gedankenlos und bequem. Ich habe mich immer nach dem Leben gesehnt, das du führst.

VERGERUS Ich weiß, ich weiß.

EMILIE Für mich ist es keine Schwierigkeit, deinen Wunsch zu erfüllen. Ich tue es mit Freuden.

VERGERUS *mit Tränen in den Augen.*
Ich will, daß wir nahe beieinander leben. Wir wollen vor dem Angesicht Gottes leben.

EMILIE Ich werde lernen zu verstehen, was du meinst, wenn du sagst, wir wollen vor dem Angesicht Gottes leben.

VERGERUS Ich habe dir erzählt, wie meine Frau und meine beiden Kinder dort unten im Fluß vor fünfzehn Jahren ums Leben gekommen sind. Viele Jahre habe ich mich wie ein grauer Erdenwurm durchs Leben geschleppt. Ich habe dich aus der Ferne gesehen, immer zusammen mit anderen Menschen; du warst unerreichbar, aber ich wartete auf dich. Meine Sehnsucht und mein Warten wurden zum besten Teil meines Lebens. Jetzt halte ich dich im Arm, und du hast mir versprochen, für immer zu mir zu kommen. Das ist eine unfaßbare Gnade.

EMILIE Ich habe mir wohl im ganzen Leben noch über nichts richtig Gedanken gemacht. Weder über meinen Beruf noch über die Kinder noch über irgendeinen anderen Menschen. Manchmal habe ich mich gefragt, ob mit meinen Gefühlen irgend etwas ganz falsch läuft. Ich habe nicht verstehen können, warum nichts richtig weh tat, warum ich mich niemals richtig froh fühlte. Jetzt weiß ich, daß die Entscheidung hier liegt! Ich weiß, daß wir einander weh tun werden, ich weiß es, habe aber keine Angst. Ich weiß auch, daß wir einander

Freude bereiten werden, und ich weine vor Angst, weil die Zeit so kurz ist, die Tage vergehen so schnell, nichts ist unveränderlich. Du sagst, dein Gott sei der Gott der Liebe. Das klingt so schön, und ich wünschte, ich könnte so glauben wie du. Vielleicht tue ich es eines Tages. Mein Gott ist anders, Edvard. Er ist wie ich selbst, fließend und grenzenlos und ungreifbar, sowohl in seiner Grausamkeit als auch in seiner Zärtlichkeit. Ich bin ja Schauspielerin, ich bin es gewohnt, Masken zu tragen. Mein Gott trägt tausend Masken, er hat mir nie sein richtiges Gesicht gezeigt, ebenso wie ich unfähig bin, dir oder Gott mein wahres Gesicht zu zeigen. Durch dich werde ich Gottes Wesen kennenlernen. Küß mich jetzt und halt mich ganz still im Arm, so wie nur du es kannst, mein Geliebter.

## 4

Die Trauung fand an einem strahlenden Frühsommertag im großen Salon Frau Helenas statt; sie wurde vom Onkel des Bischofs vorgenommen, einem uralten Pastor aus der Ebene. Man hatte bestimmt, daß nur die nächsten Angehörigen anwesend sein sollten, aber es wird dennoch eine große Gemeinde: Gustav Adolf und seine Frau Alma mit den Kindern Petra und Jenny, Carl und Lydia, Isak Jacobi und mehrere der Schauspieler des Theaters: Filip Landahl, das kleine Fräulein Schwartz, der ansehnliche Tomas Graal und Grete Holm. Von seiten des Bischofs kommen dessen Mutter, Frau Blenda und die Schwester Henrietta. Auf hervorragendem Platz befinden sich auch Fräulein Ester und Fräulein Vega sowie die rattenähnliche Malla Tander. Die übrigen Dienstboten drängen sich in der Tür.

Auf Wunsch des Bischofs tragen die Damen einfache

dunkle Kleider, die beiden Geistlichen ihre Gewänder und die übrigen Herren Frack, was möglicherweise den Eindruck vermitteln kann, es handele sich hier um eine Trauerfeier.

Die Braut ist ruhig, aber blaß. Der Bräutigam wird gelegentlich von Rührung übermannt und muß sich wiederholt die Nase putzen. Amanda und Fanny sind von der Romantik der Situation überwältigt und genießen, ohne einen Gedanken an das, was ihnen möglicherweise bevorsteht. Alexander ist krank; er fiebert, man hält ihn aber nicht für so krank, daß er nicht bei diesem Akt anwesend sein könnte. Seine Augen sind weit aufgerissen, der Mund steht vor Verblüffung offen: Mitten im Sonnenlicht, schräg hinter der Statue der Venus von Milo, steht Oscar Ekdahl und folgt der Zeremonie mit lächelndem Interesse.

Als alles überstanden ist, entspannt sich die Situation für einen Augenblick. Die Ekdahlsche Umarmungslust bricht alle Barrieren nieder: Man küßt sich, sieht einander in die Augen, vergießt echte Tränen und drückt sich die Hand. Der Bischof fühlt sich plötzlich in eine Familiengemeinschaft eingeschlossen, die ihn rührt und verwirrt. Champagner wird aufgetragen, man prostet sich in verschiedenen Richtungen zu, die Stimmung wird leichter, beinahe fröhlich. Filip Landahl fühlt sich veranlaßt, eine Rede zu halten, obwohl alle Reden verboten worden sind, was er in der eigentlichen Einleitung erwähnt, während er zugleich versichert, daß das, was er zu sagen habe, keineswegs eine Rede sei, sondern vielmehr ein Ausdruck der Ergebenheit und seiner Liebe zu Emilie Ekdahl, der großen Schauspielerin und dem herrlichen Menschen.

Er dankt ihr für die Zeit, die hinter ihnen liegt, und gibt der Hoffnung Ausdruck, daß sie bald wieder auf der Bühne stehen werde, von ihren Freunden umgeben. Hier wird Filip Landahl biblisch und zitiert das Wort des

Meisters vom Licht und dem Scheffel, worauf er, von drei Gläsern Champagner durchaus belebt, behauptet, das Theater sei eine ebenso gute Kirche wie der Dom, und alle Schauspieler und Bischöfe und Musiker und Pastoren und Maler und Hilfspfarrer seien eine einzige Priesterschaft, die zur Aufgabe habe, dem lebendigen Gott zu dienen, und zwar jeder an seinem Platz, in seiner Kirche. Von seinen eigenen Worten sehr gerührt, geht der alte Schauspieler auf die Braut zu und gibt ihr einen schmatzenden Kuß mitten auf den Mund, worauf er die Hand des Bräutigams mit beiden Händen schüttelt und vorschlägt (da er der Ältere sei), man möge sich duzen. Der Bischof, dem dieses Ansinnen wenig behagt, lächelt angestrengt und sagt, er heiße Edvard, worauf Filip Landahl ihm auf die Schulter schlägt und ungehemmt loslacht, als wäre das alles ein großartiger Scherz.

Bald sagt man Lebewohl. Dem Wunsch des Bischofs zufolge soll die neue Familie den kurzen Weg zwischen dem Ekdahlschen Haus am Marktplatz und dem bischöflichen Haus zu Fuß und ohne Mitführung von Besitztümern zurücklegen, und so geschieht es. Nachdem man lange und in einem Tumult von Gefühlen Abschied genommen hat, beginnt Edvard Vergerus mit seiner Ehefrau Emilie am Arm und den drei Kindern im Schlepptau den Gang zu dem neuen Heim. Emilie, erfüllt von größten Hoffnungen angesichts des neuen Lebens, strahlt Kraft und Zuversicht aus. Der Bischof ist stolz und glücklich über seine schöne Frau, er grüßt rechts und links die Entgegenkommenden, hebt den gefältelten Doktorhut, die Ehefrau lächelt und strahlt, und man ist allgemein der Ansicht, daß die Kunst und die Religion eine gelungene Vereinigung eingegangen sind. Kein Mensch dagegen kommentiert die drei Kinder, die die Nachhut bilden.

Die Verwandtschaft steht in Frau Helenas Salon am Fenster und beobachtet hinter vorgezogenen Gardinen den seltsamen Abmarsch. Der Gefühlssturm hat sich gelegt, und der Champagner hat seine Wirkung verloren. Die Familie Ekdahl spürt plötzlich und heftig, daß sie etwas vermißt.

ALMA Ist das hier nun wirklich eine gute Sache?

LYDIA Du hast doch gesehen, wie glücklich sie war, die liebe Emilie.

HELENA Ich denke an die Kinder.

GUSTAV ADOLF Sie gewöhnen sich, liebe Mama.

CARL Er soll sich teuflisch gut auf Frauenzimmer verstehen, der Bischof.

LYDIA Davon verstehst du nichts, mein Carlchen.

ALMA Ich weiß nicht, warum ich nur weinen möchte.

HELENA Sie hätten sich wirklich eine Hochzeitsreise leisten sollen.

GUSTAV ADOLF Ich wollte sie in unser Haus in der Provençe einladen, aber Emilie hat es nicht zugelassen.

ALMA Die hat vor ihrem Mann einen höllischen Respekt.

LYDIA Ein stattlicher Mann, da kann man sagen, was man will.

PETRA *mürrisch.*

Er hat falsche Zähne.

ALMA So was Dummes habe ich noch nie gehört. Die hat er *nicht*.

HELENA Seine Mutter war entzückend.

CARL Aber seine Schwester soll ein aasiger Drachen sein.

GUSTAV ADOLF Und diese Köchin sah aus wie eine Kloakenratte.

HELENA *traurig.*

Ich glaube, wir kriegen Emilie wieder. Schon recht bald.

## 5

Im bischöflichen Haus ißt man zu Abend. Im offenen Kamin brennt ein Feuer und bekämpft vergeblich die naßkalte Feuchtigkeit, die aus dem Dunkel des Flusses aufsteigt. Die untergehende Sonne legt Lichtstrahlenbündel durch das dunkler werdende Zimmer.

Man sitzt zum erstenmal zusammen an dem dunklen Eichentisch, der Bischof und Emilie einander gegenüber, die Kinder auf der einen langen Seite, Frau Blenda und Fräulein Henrietta auf der anderen. Zwischen sich haben sie das unförmige Fräulein Bergius, das sie abwechselnd füttern. Die fette Frau jault leise. Während sie langsam zwischen ihren zahnlosen Kiefern kaut, schließt sie die Augen, und ein kaum hörbares Knurren dringt aus ihrer Kehle hervor. Zwei schattengleiche Wesen mit grauen Gesichtern und niedergeschlagenen Blicken bedienen. Es sind Selma und Justina. Fräulein Tander ist nicht zu sehen.

VERGERUS *munter.*
So sitzen wir also zum erstenmal gemeinsam bei Tisch.

HENRIETTA Die Kinder scheinen keinen Appetit zu haben.

EMILIE Das mußt du verstehen, Henrietta, alles Neue und Ungewohnte beunruhigt sie. Das mußt du verstehen.

HENRIETTA Es kann ja auch sein, daß sie das gute Brot und die wohlschmeckende Nahrung mißachten.

VERGERUS Heute abend wollen wir froh sein, Henrietta.

HENRIETTA Ich will durchaus nicht unseren ersten gemeinsamen Abend mit Strenge zerstören, aber künftig (es ist ebensogut, daß ich es jetzt gleich sage), künftig wird niemand den Tisch verlassen dürfen, der das Essen auf seinem Teller nicht aufgegessen –

EMILIE *unterbricht sie.*

Liebe Henrietta. Ich bin diejenige, die über meine Kinder bestimmt. Ich werde entscheiden.

HENRIETTA *unterbricht sie.*

Es gibt in diesem Haus eine Grundregel, gegen die niemand verstoßen darf, nicht einmal du, liebste Emilie, und das ist der Respekt vor den zeitlichen Gaben.

EMILIE Ich glaube, du hast etwas sehr Wesentliches mißverstanden, liebste Henrietta, aber ich schlage vor, wir schieben diese Diskussion bis zu einem geeigneteren Zeitpunkt auf.

HENRIETTA Verzeih mir, liebe Emilie. Ich vergesse mich. Verzeih!

EMILIE Du bist sicher eine viel tüchtigere Hausfrau. Ich werde dich in allem um Rat fragen.

HENRIETTA Edvard hat mich hundertmal ermahnt.

*Weint und lacht.*

Das ist nicht so leicht, will ich dir sagen.

*Pause.*

Es ist nicht so leicht einzusehen, daß man unnütz geworden ist.

FRAU BLENDA *unterbricht sie.*

Es ist gut jetzt, Henrietta.

Henrietta hört sofort auf zu weinen und schenkt ihrer Mutter einen verschreckten, eigentümlichen Blick. Die Kehle Frau Bergius' knurrt schwach. Die Kinder starren unlustig auf ihre mit Biersuppe randvoll gefüllten Teller.

HENRIETTA *lächelt.*

Etwas, was ich vielleicht erzählen *darf*, ist, daß wir hier Frühaufsteher sind, sowohl alltags wie sonntags. Um sechs Uhr versammeln wir uns zum Morgengebet in Edvards Arbeitszimmer. Ich will auch erwähnen, daß wir unsere Betten und unsere Zimmer selber saubermachen. In diesem Haus herrschen Pünktlichkeit, Sauberkeit und Ordnung.

FRAU BLENDA *unterbricht sie.*
Erschreckt jetzt nicht, meine kleinen Kinder. Meine Tochter meint es nicht so schlecht, wie es vielleicht klingt. Zu Anfang nehmen wir alles von der heiteren Seite.

EMILIE Ich verstehe nicht recht, was Henrietta meint. Falls die Absicht besteht, irgendwelche Erziehungsmethoden einzuführen –

FRAU BLENDA *unterbricht sie.*
Überhaupt nicht, meine liebe Emilie! Überhaupt nicht. Ich bin überzeugt, die Kinder werden allmählich selbst herausfinden, was für einen Spaß es macht, seine Pflichten mit Sorgfalt zu erfüllen. Ich meine, daß alles eher ein Spiel sein soll.

EMILIE Ich glaube nicht, daß meine Kinder diese Art Spiele mögen. Ich selbst übrigens auch nicht.

FRAU BLENDA Das wird die Zukunft erweisen, meine liebe Emilie.

VERGERUS *vermittelnd.*
Laßt und jetzt die Hände falten und Gott für das Essen danken.
*Liest.*
Danke, oh Herr, daß du uns auch an diesem Tag von der Notdurft des Lebens gegeben hast; mögen wir mit bereitwilligen Herzen von unserem Überfluß denjenigen etwas schenken, die hungern und dürsten. Amen.

ALEXANDER *leise.*
Schwanzpimmel – Fotzenpimmel – Arschpimmel – Pottpimmel – Scheißpimmel – Scheiße – Scheiße – Teufel – Mist – Satan – Fick ins Ohr.

FANNY *kichert.*

AMANDA Pscht.

VERGERUS Was hat Alexander zu erzählen, was so lustig ist?

Alexander antwortet nicht, wird aber rot im Gesicht. Fanny kichert noch mehr, Amanda schüttelt den Kopf und trinkt Wasser, um ihre Heiterkeit zu bezwingen.

VERGERUS Du mußt wissen, mein lieber Alexander, daß dein Stiefvater ein ausgezeichnetes Gehör hat, man könnte fast sagen, ein entsetzlich gutes Gehör. Wollen wir vom Tisch aufstehen? In einer Stunde sehen wir uns in der Bibliothek, um eine Weile laut zu lesen und Handarbeit zu machen. Henrietta ist vielleicht so lieb und zeigt den Kindern, wo sie wohnen werden.

## 6

Die Zimmer der Kinder sind frisch gestrichen, frisch tapeziert und sauber gescheuert. Sie liegen an einem kleinen, mit Kopfsteinpflaster ausgelegten Hof mit einem tiefen Brunnen. Fanny und Amanda hat man das größere Zimmer zugewiesen, Alexander haust in einem Raum, der wie ein Dreieck aussieht, fast wie ein abgetrenntes Kabuff. Die Kinderbetten sind braun gebeizt, haben Holzlatten an den Seiten und eine harte Matratze. Die Bettwäsche ist hart und riecht feucht. Die Möblierung ist sparsam. Eine uralte und einfallsreich ausgeschmückte Puppenstube erhebt sich an der langen Wand. Ein niedriger Tisch und ein paar klobige Kinderstühle stehen vorn am Fenster. In Alexanders Zimmer befinden sich ein Bücherregal mit illustrierten Büchern in fremden Sprachen und alte zerlesene Wochenschriften. An den Wänden hängen Bilder mit biblischen Motiven; das Jesuskind steht unter zahmen und wilden Tieren mit einem Palmenzweig in der Hand. Es lächelt dämlich. Ein anderes Bild zeigt einen Engel mit sieben vergoldeten Kerzen, der in einer winterlichen Landschaft über einem schlafenden Haus schwebt.

Die Tochter des Pharao beugt sich über einen Korb, der im Schilf treibt. Im Korb liegt ein dicker schweinchenrosafarbener Säugling. Die Rollgardinen sind mit Weinreben und hohen Burgen bemalt. Die Holzböden sind voller Astlöcher, an vielen Stellen aufgerissen, und Teppiche fehlen. In einer Ecke steht ein altes kaputtes Schaukelpferd von bösem Aussehen. Auf einem Regal liegt eine Flöte.

Nachdem sich die Kinder in dem eiskalten Wasser gewaschen und sich unter der Oberaufsicht der mageren Justina zu Bett begeben haben, kommen die Mutter und der Stiefvater, um Gute Nacht zu sagen. Das reglementierte Nachtgebet wird unisono gesprochen. Onkel Edvard wird in die Reihe der Personen mit eingereiht, denen die besondere Fürsorge Gottes zu gelten habe. Gott schütze Vater und Mutter, Großvater und Onkel Edvard usw. Alexander spricht seine persönliche Variante, er verwandelt den Bischof zum Pißpott und weigert sich, sowohl seine Mutter wie seinen Stiefvater zu küssen. Dafür erhält er vom Bischof ein Streicheln, das man fast als Ohrfeige bezeichnen könnte. Alexander verbeißt sich die hervorschießenden Tränen und steckt hinter dem schwarzen Rücken des Priesters die Zunge heraus. Emilie bittet ihren Mann, ins Schlafzimmer vorzugehen; er zögert, gehorcht aber; er dreht sich in der Tür um, und das Licht in dem dahinterliegenden Zimmer gibt seiner Gestalt angsteinjagende Proportionen.

VERGERUS Mein höchster Wunsch ist es, daß wir in Frieden miteinander leben werden. Liebe kann nicht befohlen werden, aber wir können einander Achtung und Rücksichtnahme erweisen.

Dies wird mit leiser, tonloser Stimme, traurig gesprochen. Als niemand antwortet, nickt er kurz und entfernt sich.

Seine Schritte hallen auf den Steinplatten in dem hohen Gang wider, der zum Schlafzimmer führt.

AMANDA Was ist das für eine Puppenstube?

EMILIE *sanft.*

Vor fünfzehn Jahren haben in diesem Zimmer zwei kleine Mädchen gewohnt.

AMANDA Sie sind ertrunken, nicht wahr?

ALEXANDER Ihre Mama auch.

FANNY Vielleicht sind sie als Gespenster hier!

EMILIE Sei jetzt nicht dumm, Fanny. Es gibt keine Gespenster.

AMANDA Haben die Kinder in diesem Zimmer gewohnt?

EMILIE Ich glaube, dies war das Kinderzimmer.

FANNY Plötzlich, eines Tages, wenn es dunkel wird und man in dieses Zimmer kommt, dann sitzen zwei kleine blasse schwarzgekleidete Mädchen vor der Puppenstube und sagen mit flüsternden Stimmen, daß sie gekommen sind, um mit mir zu spielen!

EMILIE *lacht.*

Still jetzt, Fanny, sei nicht blöd!

FANNY Dann locken sie Fanny zu einer tiefen Stelle im Fluß. Und Fanny kann nichts sagen und nicht um Hilfe rufen. Plötzlich ist sie weg.

ALEXANDER Ich will hier nicht wohnen!

AMANDA Du hast versprochen, daß ich im Herbst im Opernballett anfangen darf. Ich bleibe nur unter der Bedingung, daß ich im September umziehen darf.

FANNY Ich finde, wir haben einen langweiligen Stiefvater gekriegt.

ALEXANDER Diese Schwester da von ihm ist wohl nicht ganz dicht.

AMANDA Und dann dieser Fleischberg, den man füttern muß.

FANNY Ich habe Hunger, Mama.

Emilie sitzt einige Augenblicke still da und kneift ein paarmal die Augen zusammen. Dann führt sie beide Hände zum Gesicht, hält aber inne, lächelt plötzlich Fanny an.

EMILIE Ihr müßt mir etwas Zeit geben! Es gibt viel, was sich ändern muß. Manches geht schneller, anderes wird lange Zeit dauern. Die Hauptsache ist, daß wir nicht den Mut verlieren. Die Hauptsache ist, daß wir zusammenhalten.

AMANDA Warum hast du Onkel Edvard geheiratet?

EMILIE Ich habe ihn geheiratet, weil ich ihn liebe. Ich liebe euch auch, aber ich hab mich so einsam gefühlt, seitdem euer Papa gestorben ist. So ist das. Und jetzt wird geschlafen. Wenn wir nicht zu müde sind, wird alles mehr Spaß machen.

Sie umarmt und küßt ihre Töchter. Alexander weist stolz jede Annäherung ab; er betrachtet seine Mutter mit kalten Blicken. Trotzdem beugt sie sich über ihn, umschließt ihn mit ihrem guten Duft und lächelt ihm zu.

EMILIE Spiel nicht den Hamlet, mein Junge. Ich bin nicht Königin Gertrud, und dein lieber Stiefvater ist kein König von Dänemark, und dies ist nicht Schloß Kronborg, obwohl es düster aussieht.

Alexander wirft sich in seinem Bett zurück und kneift die Augen zusammen, er ist rasend.

Die Mutter steht einen Augenblick da und sieht ihn an. Dann geht sie und schließt die Tür hinter sich. Erst ist es undurchdringlich dunkel, aber dann bricht das Licht der Frühsommernacht durch die hellen, bemalten Rollgardinen herein.

Die Kinder flüstern ein wenig miteinander, dann kommt Alexander herangetapst und kriecht zu Fanny ins

Bett. Nachdem sie eine Weile gewühlt haben, begeben sie sich mit ihren Kissen zu Amanda, die den Geschwistern Platz macht. Sie schlafen sofort ein.

## Die Ereignisse des Sommers

### 1

Den Sommer 1909 verbringen die Familien Ekdahl auf Eknäset, genauso wie alle anderen Sommer. Alles ist sich gleich, aber doch anders. Emilie und ihre Kinder sind nicht da. Das Haus steht still und tot da. Frau Helena, eine feine Dame, behauptet, sie schlafe nie. Jetzt ist sie jedoch eingeschlummert. Sie sitzt in einem bequemen Korbstuhl auf der Glasveranda; der gegipste Fuß ruht auf einem Hocker. Über die Beine hat sie ein gestricktes Plaid gelegt. Das Buch ist zu Boden gefallen; das bleiche, ruhige Gesicht liegt auf einem Kissen; Frau Helena schläft mit Haltung und geschlossenem Mund.

Auf das schwere, üppige Grün, welches das Haus einschließt und fast die Aussicht auf die Meeresbucht verdeckt, fällt ein sanfter, aber anhaltender Sommerregen. Draußen über dem Meer donnert ab und an das Gewitter, recht mutlos. Der Regen prasselt gegen die Fensterscheiben, aus Regenrinnen und Wassertonnen plätschert und gluckst es, die Glasveranda ist wie eine Taucherglocke, die man in ein grünschimmerndes Meer versenkt hat. Frau Helena ist von dem Sommerregen in den Schlaf gewiegt worden: Die Geborgenheit der Kindheit, die Tage vergehen, plötzlich bist du alt, der Regen prasselt gegen das Dach: Die Kinder schlafen, es ist auch der Schlaf der alten Frau, keine Zeit ist vergangen, die große Eßzimmeruhr tickt, räuspert sich und schlägt, sie tut ihre Pflicht, obwohl Stunden und Minuten nicht länger existieren. Das Haus ist leer, verlassen. Frau Helena ruht traumlos versunken, umwoben von den Gerüchen der Sommerveranda nach Wiesenblumen, alternden Korbmöbeln und sonnengetränkten Holzdielen. Durch ein halboffenes Fenster kommt der Geruch schwerer, feuchter, grüner Vegetation, vom Wasser der Meeresbucht, von der Vergänglichkeit des Sommernachmittags. Als das Telefon klingelt, das auf dem Tisch neben dem Stuhl steht, wacht die alte Dame sofort auf (sie hat natürlich überhaupt nicht geschlafen, sondern nur ein bißchen die Augen zugemacht; das Buch war ja auch so erbärmlich langweilig, einer dieser modernen Schriftsteller mit ihrem proletarischen Tonfall). Frau Helena ist – wie gesagt – hellwach, und ihre Stimme ist unter totaler Kontrolle, als sie den Hörer abnimmt und mit einem wohlmodulierten Hallo antwortet.

HELENA Nein, bist du's, alter Isak! Wie nett von dir, anzurufen. Nein, du störst mich nicht im geringsten. Ich habe nur gesessen und die Augen zugemacht. Alle haben mich verlassen. Es ist der alljährliche Ausflug zu dieser Klippe weit draußen. Gustav Adolf ändert nichts, da könnte es auch alte Weiber und rostige Nägel regnen. Sie sind um zehn Uhr weggefahren. Da war es noch immer ziemlich schön, aber überm Festland zogen schon Regenwolken auf. Sie sind mit beiden Booten draußen. Hier ist keine Seele mehr. Die Dienstmädchen sind auch mit. Was glaubst du? Tradition ist Tradition. Willst du nicht ausnahmsweise mal herkommen? Danke! Komm jetzt, sei nicht so hartnäckig. Du kannst nicht den ganzen Sommer lang in deinem scheußlichen Laden sitzen. Du wirst ja genauso staubig wie deine Apparate oder was es ist, womit du dich da umgibst. Ich soll zu dir reinkommen? Vielen Dank, du, ich sitze hier seit drei Wochen mit einem Fuß in Gips. Ich mußte mit Fanny Hüpfen spielen, also ist es meine eigene Schuld. Ich beklage mich nicht, es geht mir ausgezeichnet. Ich darf für mich allein sein, und das ist für mich das Beste, was mir passieren kann. Was sagst du? Es knackt im Hörer, ich höre nicht, was du sagst. Irgendwo donnert es, es sieht nicht so aus, als würde das Gewitter in diese Richtung kommen. Ja, genau das. Genau das, mein Freund. Versuch, ein bißchen zu spionieren. Ich mache mir Sorgen. Eigentlich mache ich mir sogar ziemliche Sorgen, muß ich dir sagen. Nein, wir haben nichts gehört. Emilie hat uns nur mitgeteilt, sie und die Kinder wollten während des Sommers in der Stadt bleiben. Der Bischof hat nicht vor, Urlaub zu nehmen. Er soll an einer Abhandlung schreiben. Jetzt knackt es wieder im Hörer! Kannst du dich nicht mal vorsichtig erkundigen? Sind die Kinder nicht zu Besuch gewesen? Das sieht gar nicht gut aus, nicht wahr, Isak? Mir wird schlecht, wenn ich an dieses große weiße Haus mit seinen dicken Mauern denke. Das ist keine Sommerfrische für drei kleine Gören. Jetzt höre ich überhaupt nicht mehr, was du sagst. Ruf mich doch in einer halben Stunde oder so wieder an. Oder ich rufe dich an. Das ist besser. Hallo, hallo, hallo. Es ist wie verhext. Hörst du mich, Isak? Deine Stimme ist sehr weit weg. Ich lege jetzt auf. Ich rufe dich in einer Stunde an!

Frau Helena legt auf und seufzt verärgert. In der Ferne grollt das Gewitter. Der Regen ist stärker geworden, ein Wind geht durch das dunkle Grün. Das Fenster geht plötzlich auf, und Frau Helena muß aufstehen, sich über den Tisch beugen und das Fenster zuziehen. Sie bekommt ein nasses Gesicht und nasse Hände.

HELENA Ich glaube, ich sollte mir eine Tasse Schokolade machen.

Sie nickt bestätigend. Eine ausgezeichnete Idee. Eine Tasse Schokolade und einer von den knusprigen Kopenhagenern von Fräulein Vega. Sie will ihre Pläne gerade in die Tat umsetzen, als jemand durchs Eßzimmer kommt. Dieser Jemand bleibt unsichtbar und rücksichtsvoll beim Wäscheschrank stehen.

HELENA Wer ist da?
MAJ Ich bin's nur, Frau Ekdahl!
HELENA Bist du's, Maj. Komm rein, liebes Kind. Wie nett.

Maj tritt auf die Veranda hinaus. Sie ist hochschwanger, aber hübsch und gut gekleidet. Das dicke rote Haar ist zu einem sittsamen Knoten zusammengesteckt. Sie hat einen leichten Mantel um die Schultern geworfen. Das sommersprossige Gesicht ist feucht vom Regen.

MAJ Guten Tag, Frau Ekdahl. Ich hoffe, ich komme nicht ungelegen.
HELENA Das tust du wirklich nicht. Gib mir einen Kuß. So. So ist es gut. Sehr niedlich, sehr niedlich. Hast du es selbst genäht? Ein schöner Stoff, ein schönes Muster.
MAJ Ja, ich habe es selbst genäht.
HELENA Bist du denn nicht beim Ausflug mit dabei?
MAJ *lacht.*
Ich kriege mit meinem dicken Bauch keinen Platz im Boot.
HELENA Dummes Gerede, Maj. Ist es Alma?
MAJ Nein, nein, Alma ist sehr lieb.
HELENA Dann ist es Lydia? Ja, natürlich.
MAJ Ich will keinen Krach. Es ist so empfindlich.
HELENA Ich verstehe. Wollen wir uns eine Tasse Schokolade machen? Fräulein Vega hat für den Ausflug Kopenhagener gebacken.
MAJ Ja, bitte.
HELENA Was ist los, Maj? Stimmt irgendwas nicht? Maj?
MAJ Vielleicht bin ich dumm, aber ich mache mir Sorgen.
HELENA Du machst dir Sorgen wegen der Kinder?
MAJ *nickt.*

Amanda und ich haben verabredet, daß wir uns schreiben. Ich habe schon sieben Briefe geschrieben.

HELENA Hast du keine Antwort bekommen?

MAJ Eine Ansichtskarte. Vor drei Wochen. Hier ist sie.

Maj reicht Helena eine Ansichtskarte mit dem Hauptgebäude des botanischen Gartens. Auf die Rückseite hat Amanda eine Mitteilung geschrieben: Liebe Maj, uns geht es gut. Onkel Edvard hat uns heute zu einem Ausflug in den botanischen Garten mitgenommen. Wir haben viel über seltene Blumen gelernt. Danke für Deine Briefe. Ich werde schreiben, wenn ich Zeit habe. Deine ergebene Amanda. Grüße von Fanny und Alexander!

Frau Helena hat die Schokolade und die Kopenhagener vergessen. Sie ist auf ihren Stuhl gesunken, sitzt einige Augenblicke mit der Ansichtskarte in der Hand gedankenverloren da, betrachtet sie auf der Vorderseite und Rückseite, als verberge sie irgendeine geheime Mitteilung. Dann reicht sie die Karte mit einem hastigen Lächeln an Maj zurück.

HELENA Ich glaube, wir verkennen Emilie. Sie ist fähig, auf ihre Kinder und auf sich selbst aufzupassen. Wir machen uns unnötige Sorgen.

MAJ Ich bin in die Familie gekommen, bevor Fanny geboren wurde. Es sind ja auch meine Kinder.

HELENA Willst du schon gehen?

MAJ Weil ich wußte, daß Sie allein sind, Frau Ekdahl, wollte ich – wollte ich mit Ihnen sprechen.

HELENA Bleib ein bißchen hier.

MAJ Vielen herzlichen Dank für die Freundlichkeit, Frau Ekdahl, aber ich habe versprochen, das Mittagessen fertig zu haben, wenn sie nach Hause kommen, und ich habe den Braten noch nicht in den Ofen getan.

Frau Helena sieht die junge Frau scharf an, die sofort zu

weinen anfängt. Sie hebt den Unterarm zum Gesicht und weint still und anhaltend wie der Sommerregen.

HELENA Setz dich!
MAJ *schüttelt den Kopf.* Nein, danke.
HELENA Ist es so schwer?
MAJ *seufzt schwach, weint.* Es ist schwer.
HELENA Ist es die Konditorei?
MAJ Auch das.
HELENA Gustav Adolf läßt nicht locker, scheint mir.
MAJ *nickt, weint.*
Ich will ihn nicht verletzen. Er ist ja so lieb.
*Pause, weint.*
Am meisten mache ich mir wegen der Kinder Sorgen. Verzeihen Sie, daß ich weine. Ich betrage mich schlecht. Verzeihen Sie mir.

Sie verneigt sich, macht einen Knicks vor Frau Helena und geht durch das Eßzimmer hinaus.

## 2

In der Stadt donnert, regnet und gewittert es genauso wie auf Eknäset. Das Kinderzimmer ist dunkel, kalt und feucht; ein verglimmendes Feuer kokelt im Kachelofen vor sich hin. Fanny beschäftigt sich lustlos mit der alten Puppenstube. Amanda liest ein dickes Buch mit gotischen Buchstaben und farbenfrohen Lithographien – es sind die Märchen der Gebrüder Grimm. Alexander sitzt am Tisch und stützt den Kopf in die Hände. Er betrachtet den Regen, der gegen das viereckige Fenster prasselt, die Kopfsteine auf dem engen Hof, den Brunnen mit seiner eisernen Kugel, die gefängnisgraue Wand gegenüber.

In der Tür wird ein Schlüssel umgedreht, und Justina

kommt mit dem Abendessen der Kinder auf einem Tablett herein: drei Schalen Brei und drei Scheiben Schwarzbrot.

JUSTINA Wenn ihr gegessen habt, müßt ihr sofort zu Bett. Das Tablett kann bis morgen stehenbleiben. Ich habe Seine Hochwürden gefragt, ob ihr auch morgen eingeschlossen bleiben sollt, bekam aber keine Antwort. Fräulein Tander hat ein paar Stück Kuchen mit Marmelade geschickt, und ich werde für ewig unglücklich sein, wenn Fräulein Vergerus entdeckt, daß ihr sie von mir gekriegt habt. Ich leg sie hier hin.

AMANDA Ist Mama noch nicht zurück?

JUSTINA Die Frau Bischof ist noch nicht wieder zu Hause.

Justina steht am Tisch, die mageren Arme über der Brust gekreuzt, lächelt mitleidig und seufzt.

FANNY Ich will, daß Mama zurückkommt.

ALEXANDER Mach nicht so ein Gezeter. Sie hat doch gesagt, daß sie heute abend kommen würde, wenn irgendein Zug geht. Sonst kommt sie morgen.

JUSTINA *seufzt.*

Ich bin ja noch nicht sehr lange in diesem Haus, Gott sei Dank, aber Frau Tander, die schon zu der Zeit der ersten Frau des Hauses da war, kann so manches erzählen.

Die Kinder haben sich um den Tisch versammelt und fangen widerwillig damit an, den Brei, der eine Haut hat, in sich hineinzulöffeln, nachdem sie den zähen Marmeladekuchen aufgeknabbert haben. Justina geht im Zimmer auf und ab, tötet eine Fliege, zieht an der Ofenklappe, nimmt die Bettüberwürfe von den Betten der Mädchen, hängt ein paar Kleidungsstücke in Alexanders Zimmer weg. Sie will offensichtlich etwas sagen, zögert aber.

ALEXANDER Willst du ein Stück Kuchen abhaben, Justina?

JUSTINA Ja, gern.

Sie kommt an den Tisch, schnappt sich das Kuchenstück, das ihr hingehalten wird, und ißt es stehenden Fußes, mit gesenktem Kopf und herausgestrecktem Bauch.

ALEXANDER Was sagt Frau Tander?
JUSTINA Frau Tander sagt, daß es zur Zeit der ersten Frau Vergerus genauso war. Bloß noch schlimmer.

Niemand sagt etwas. Der Regen klatscht gegen die Fensterscheibe, aus der Ferne ist Gewittergrollen zu hören. Obwohl es erst drei Uhr nachmittags ist, liegt das Zimmer im Halbdunkel.

JUSTINA *nach einer Pause.*
Arme Kinder.
AMANDA Du meinst uns?
JUSTINA Ich meine doch nicht euch. Ich meine die armen Kleinen, die in dem dunklen Wasser ihr Grab gefunden haben. Die Frau wollte sie retten, wurde aber von den Stromschnellen fortgerissen. Dann fand man sie an der Brücke beim Dom. Sie hatten sich aneinander festgeklammert. Sie waren wie ein einziger Körper. Man mußte ihnen die Arme absägen, um sie in je einen Sarg legen zu können. Seitdem hat es in diesem Haus keine rechte Ruhe mehr gegeben, sagt Frau Tander.
AMANDA Es gibt keine Gespenster.

Fanny und Alexander wechseln einen Blick. Justina schlägt die magere, lange Hand vor die Brust und schüttelt den Kopf.

JUSTINA Gott bewahr, ich will niemanden erschrecken. Aber in diesem Haus kann man sich nicht wohl fühlen. Seht meine linke Hand an: die Haut ist weggefressen, da ist das rohe Fleisch. Ich sollte Seiner Hochwürden den Morgenkaffee servieren, und als ich den Türgriff anfaßte, blieb die Haut kleben und wurde abgerissen. Und –

*flüstert*

– da war jemand, der auflachte. Ich habe es ganz deutlich gehört, so daß ich mich umdrehte, ABER ES WAR NIEMAND DA. Und mir tut derjenige wirklich leid, der – ich sollte wohl nicht soviel reden. Ich werde lieber den Mund halten. Jetzt schließe ich die Tür ab, aber macht euch keine Sorgen, morgen ist die Frau Bischof ganz bestimmt wieder da, und dann kommt Seine Hochwürden, höchstpersönlich, um euch aus der Gefangenschaft zu befreien. Legt euch jetzt hin und schlaft gut, dann vergeht die Zeit schneller. Das Tablett kann bis morgen stehenbleiben.

ALEXANDER *plötzlich.*

Ich habe sie gesehen.

FANNY Wen hast du gesehen?

ALEXANDER Die Frau und die Kinder natürlich.

AMANDA Jetzt lügt Alexander mal wieder.

ALEXANDER Ehrenwort, ich habe sie gesehen.

Justina, die auf dem Weg zur Tür hinaus ist, schließt sie sacht und kehrt zum Tisch zurück.

JUSTINA Ist das wahr?

ALEXANDER Auf mein Ehrenwort als schwedischer Bürger.

AMANDA Es gibt keine Gespenster.

FANNY Sei nicht blöd, Amanda. Es gibt keine Gespenster, aber es gibt *Visionen*. Das weiß doch jeder normale Mensch, das steht sogar in der Bibel.

Justina hat sich auf einen Hocker gesetzt, den sie mit dem rechten Bein hervorgezogen hat. Jetzt schaut nur ihr Kopf über die Tischkante. Alexander hat sein Publikum.

ALEXANDER Wenn ihr nicht wollt, daß ich es euch erzähle, dann halte ich natürlich den Mund. Aber Fanny weiß, daß ich die Wahrheit sage.

Fanny nickt geheimnisvoll. Amanda blickt die Geschwister erschreckt und mißtrauisch an, als wäre alles ein Komplott, um ausgerechnet sie zu erschrecken. Justina lächelt, aber das Lächeln erreicht nicht die Augen.

FANNY Denn ich hab's auch gesehen.

ALEXANDER Aber du warst nicht dabei, als die Frau sprach.

JUSTINA Aha, sie hat also mit Alexander gesprochen?

ALEXANDER Was ich zu erzählen habe, ist natürlich entsetzlich, und ihr müßt schwören, nicht ein Wort von dem verlauten zu lassen, was ich verraten will.

FANNY *ganz treue Anhängerin.*
Wo hast du sie gesehen?

ALEXANDER Ich war gerade in der Bibliothek gewesen, bei dem Mann, der mit meiner Mutter verheiratet ist. Er hatte mich wegen meines schlechten Zeugnisses im deutschen Aufsatz ausgeschimpft und ich ging durch das Eßzimmer. Die Sonne schien. Es war ungewöhnlich hell im Zimmer, fast merkwürdig hell. Da sah ich erst das kleine Mädchen in der Türöffnung; sie lief einfach nur vorbei, fast wie auf Zehenspitzen, und es war nichts zu hören. Dann kam das andere Mädchen, das ältere, das dunkelhaarig ist und so große Augen hat. Sie blieb stehen und sah mich an und gab mir so etwas wie ein Zeichen, ich sollte mich umdrehen. Und dort, hinter meinem Rücken, von dem Sonnenlicht stark beschienen, stand die Frau selbst in ihrem schwarzen Kleid. Sie sagte mir mit schwacher, fast unhörbarer Stimme, ich sollte keine Angst haben, und sie hätte mir etwas zu erzählen.

Alexander macht eine Kunstpause, bricht ein Stück Schwarzbrot ab und fängt an zu kauen. Die ganze Geschichte scheint ihn plötzlich nicht mehr zu interessieren und er blickt geistesabwesend aus dem Fenster.

AMANDA Du lügst nur, um dich interessant zu machen.

FANNY Wenn du nicht zuhören willst, kannst du in Alexanders Zimmer gehen und die Tür zumachen und dir die Ohren zuhalten.

JUSTINA Was hat sie gesagt?

ALEXANDER *langsam.*

Ich will niemanden erschrecken, aber sie sagte wörtlich: »Ich will, daß du unser Geheimnis kennst. Dein Stiefvater, mein Mann, hat mich und meine Kinder im Schlafzimmer eingeschlossen. Dort lebten wir fünf Tage und Nächte, ohne etwas zu essen und ohne Wasser. In unserer Verzweiflung entschlossen wir uns zu fliehen. Wir banden die Laken zusammen und versuchten, aus dem Fenster zu klettern, und zwar auf diese schmale Landzunge, die in das tiefe, wirbelnde Wasser hinausragt. Meine beiden Töchter kletterten zuerst hinunter, stürzten aber hilflos ins Wasser und wurden in die Tiefe gezogen. Ich versuchte sie zu retten, wurde aber in einen schwarzen Wasserwirbel hineingesogen, der meine Kleider packte. Unter Wasser bekam ich die Hände meiner Kinder zu fassen und zog sie an mich.«

Alexander betrachtet sein Publikum. Sein schreckliches und trauriges Schauspiel hat Erfolg gehabt. Justina steht auf, schüttelt mehrmals den Kopf und macht mit der Hand eine abwehrende Geste. Amanda lächelt bleich und will etwas Sarkastisches sagen, ist aber allzu ergriffen. Fanny starrt ihren Bruder liebevoll und bewundernd an.

FANNY Eine teuflische Geschichte.

ALEXANDER Das ist ein schweres Geheimnis, das wir miteinander teilen.

JUSTINA Legt euch jetzt hin. Geht schlafen. Ich schließe ab.

AMANDA Wie spät ist es?

JUSTINA Kurz nach drei Uhr nachmittags. Ich hab die

Turmuhr des Doms gehört. Seine Hochwürden hat mir verboten, mit euch zu sprechen. Ich darf euch nicht sagen, wie spät es ist. Jetzt mach ich mich unglücklich, wenn Alexander nicht den Mund halten kann. Er ist so einer, der immer quatscht.
*Rasend.*
Legt euch jetzt hin und schlaft, habe ich gesagt! Legt euch ins Bett und seid still.

Sie eilt hinaus, zieht die Tür zu; es hallt auf den steinernen Fluren wider, der Schlüssel lärmt im Schloß. Die Kinder hören die hastigen Schritte Justinas, die sich immer mehr entfernt. Der Regen fällt noch immer in den engen Hof mit dem steinernen Brunnen, auf den bischöflichen Hof, auf die Stadt, auf die Ebene und das Meer, das der Ebene mit kleinen Inseln, Buchten und Schären entgegenkommt.

ALEXANDER Isak hat zu mir gesagt: Der Mensch mag zwar klein und unbedeutend erscheinen, aber er trägt Abgründe, Himmel und Ewigkeit in sich. Das Bedauerliche ist nur, daß er seine Größe nicht begreift. Bedauerlich ist, daß er ständig mit seiner geringen Bedeutung vor Augen lebt. Seine wirklichen Möglichkeiten nutzt er nur selten aus, hat also Onkel Isak einmal zu mir gesagt, als ich die Masern hatte.

AMANDA Du begreifst ja selbst nicht, wovon du da redest.

ALEXANDER Ich kann alles mögliche auswendig lernen, dann kann ich meine Kenntnisse anwenden, wenn ich älter werde und verstehe, was ich gelernt habe.

AMANDA Maj hat mal von einem Idioten erzählt, der eine Predigt nur ein einziges Mal zu hören brauchte und sie dann Wort für Wort nachplappern konnte, ohne auch nur das geringste zu begreifen.

FANNY Wenn du so eine Angst vor solchen Dingen hast, die man nicht sehen kann, dann solltest du dir, finde ich, ein paar andere Geschwister zulegen.

AMANDA Über bestimmte Dinge sollte man nicht sprechen.

ALEXANDER »Zwischen Himmel und Erde gibt es vieles, Horatio« –

AMANDA *brüllt.* Halte jetzt doch wenigstens ein einziges Mal die Schnauze.

Alexander geht plötzlich in sein dreieckiges Zimmer und macht die Tür zu, kriecht ins Bett, zieht sich die Decke über den Kopf und starrt durch einen kleinen Spalt auf die Welt und die Wirklichkeit hinaus. Fanny macht die Tür einen Spalt auf, er gibt ihr ein Zeichen hereinzukommen, macht ihr im Bett Platz, sie kriechen zusammen und rücken eng aneinander heran.

FANNY Erzähl mal was richtig Scheußliches, was du in der letzten Zeit erlebt hast.

ALEXANDER Vor ein paar Nächten hatte ich Bauchschmerzen und mußte aufs Klo. Ich ging am Schlafzimmer vorbei durch den Korridor. Die Tür war nicht zu, und die Lampen leuchteten auf den Nachttischen. Seine Hochwürden, der Bischof, du weißt, der Kerl, der sagt, er sei unser Stiefvater, lag auf Mama. Er hatte sein Hemd über den mageren Arsch hochgezogen und schaukelte so, daß das Bett krachte. Mama schrie um Hilfe und betete zu Gott. »Oh Gott, oh Gott«, sagte sie – etwa in dem Tonfall.

Es klopft an der Tür. Alexander unterbricht seine Erzählung und ruft »Herein!«. Es ist Amanda im Nachthemd und mit Zopf. Wie sie so dasteht, sieht sie klein und traurig aus.

ALEXANDER Was willst du denn schon wieder?

AMANDA Ich möchte nur gern wissen, ob Fanny sich nicht ins Bett legen und schlafen will.

FANNY Ich liege ja schon.

AMANDA Die Alte will nicht, daß wir im selben Bett liegen.
FANNY Das ist mir scheißegal.
ALEXANDER Für dich ist auch noch Platz.
AMANDA Mir ist so schrecklich kalt, ich habe bestimmt Fieber.
ALEXANDER Dann komm her und leg dich dazu.

Amanda beeilt sich. Fanny liegt in der Mitte, von den Geschwistern flankiert. Die Daunendecke wölbt sich über ihrer gebrechlichen Geborgenheit. Die Fensterscheiben erzittern, der Regen prasselt.

ALEXANDER Jetzt hat der Blitz eingeschlagen.
FANNY Das war ganz in der Nähe.
AMANDA Ein scheußlicher Knall.
ALEXANDER Hoffentlich ist dieser verdammte Dom zum Teufel gegangen!
AMANDA Stell dir vor, Gott straft dich dafür, daß du so was sagst.
ALEXANDER Wenn ein so aufgeblasener Kerl wie der allmächtige Gott so einen kleinen mageren Scheißer wie Alexander für so wenig bestraft, dann ist er genau das ekelhafte Arschloch, für das ich ihn schon immer gehalten habe.
FANNY Das finde ich auch.

Jetzt dringen schwache Flötentöne durch die dicken Mauern, durch den brausenden Regen, durch das ersterbende Gewittergrollen, hinab zu den Kindern in ihrer warmen Höhle.

AMANDA Hört ihr?
FANNY Er spielt Flöte.
ALEXANDER Seine Hochwürden, der Bischof, bläst auf seiner Flöte, während er sich neue Methoden ausdenkt, seine Frau und seine Stiefkinder zu quälen. Wenn wir uns alle drei darauf konzentrieren, daß er stirbt, dann

stirbt er bestimmt auch. Aber wir müssen alle auf einmal anfangen. Eins, zwei, drei. Stirb, du Scheißkerl! Wir versuchen's noch mal! Eins, zwei, drei. Stirb, du Scheißkerl!

Aber die Flöte klagt sanft weiter in der Dämmerung des großen Hauses.

Justina hat das Haar hochgesteckt und sich zurechtgemacht. Der Kragen und die Manschetten sind frisch gebügelt, sie hat statt der Holzschuhe ihre schwarzen Sonntagsschuhe an und trägt über dem schwarzen Kleid eine frisch gestärkte Schürze. Jetzt klopft sie vorsichtig an die Tür zum Arbeitszimmer des Bischofs. Die Flötentöne hören fast sofort auf, sie hört schwere Schritte, und die Tür geht auf.

VERGERUS Ach so, du bist es, Justina.

JUSTINA Frau Tander läßt grüßen und fragen, ob Sie das Abendessen nach dem Abendgebet allein einnehmen wollen oder ob jemand zu Besuch kommt.

VERGERUS Sag Frau Tander, daß ich kein Abendessen haben will. Es reicht, wenn du ein Glas Milch und ein Knäckebrot ins Schlafzimmer stellst.

JUSTINA Danke, Hochwürden, das werde ich ausrichten.

VERGERUS Willst du sonst noch etwas?

JUSTINA Ich weiß nicht.

VERGERUS Nun?

JUSTINA Ich weiß nicht, ob ich etwas sagen sollte. Es ist so unangenehm. Und es könnte den Eindruck machen, als würde ich –

VERGERUS *unterbricht sie.* Nun?

JUSTINA Sie müssen schon verzeihen, Hochwürden, aber ich kann hier nicht in der Tür stehenbleiben, wenn –

VERGERUS *kurz.*
Dann komm rein. Und mach die Tür hinter dir zu.

Das Arbeitszimmer des Bischofs ist voller Tabakrauch und Melancholie, Unbequemlichkeit und Angst. Die schweren Möbelstücke bekämpfen sich offen und betrachten einander mit mürrischer Verachtung. Mitten im Zimmer, auf dem schäbigen, gewellten Teppich, steht ein Notenständer, auf dem aufgeschlagen Notenblätter mit einer Suite von Telemann sowie die Flöte liegen. Vor dem Notenständer ein Stuhl mit niedriger Rückenlehne und hohen Beinen. Eine brennende Spirituslampe blinzelt schläfrig und verstärkt das graue Regendunkel eher, als es zu verringern. Die Turmuhr des Doms schlägt gerade vier. Tief unterhalb des grünen, schmutzigen Fensters des Arbeitszimmers strömt der Fluß dahin, braunschwarz und wirbelnd, mit kurzen Wellen voller Schaumkronen. Der Bischof hat sich auf den Stuhl vor dem Notenständer gesetzt.

VERGERUS Was ist es denn, was so wichtig ist?

JUSTINA Hochwürden, Sie haben mir gesagt, ich soll ein Auge auf die Kinder halten. Daß ich auf ihre Gespräche achten und berichten soll, wenn ich etwas Besonderes gehört habe.

VERGERUS Und?

JUSTINA Alexander hat eine schreckliche Geschichte aufgetischt.

VERGERUS Aha?

JUSTINA Sie lief darauf hinaus – daß, es ist so entsetzlich. Ich weiß nicht, wie ich die Geschichte aus mir herausbringen soll.

Der Bischof ergreift seine Flöte und spielt einige Töne. Er blättert in den Noten, scheint uninteressiert zu sein.

JUSTINA *flüstert.*

Er behauptet, die Frau Bischof sei von Ihnen eingeschlossen worden und sei zusammen mit ihren Kindern ertrunken, als sie durchs Fenster zu fliehen versuchte.

Das Gesicht des Bischofs schwillt an. Wird merkwürdig groß, die Hand, die die Flöte hält, zittert schwach. Er legt die Flöte vorsichtig auf den Notenständer, steht auf, geht einige Schritte auf dem Fußboden, bleibt vor dem offenen Kamin stehen, in dem seit vielen Jahren kein Feuer mehr gebrannt hat.

VERGERUS Nun?
JUSTINA Das war alles.
VERGERUS Du kannst gehen, Justina.
JUSTINA Danke, Hochwürden.

Sie macht einen Knicks und macht die Tür zu. Der Bischof steht am Fenster. Sein Gesicht schwillt an.

## 3

Frau Helena wird von unerklärlicher Melancholie ergriffen, die so stark ist, daß sie die Möglichkeit überlegt, sich eine Weile den Tränen hinzugeben. Sie sitzt aufrecht im Stuhl und versucht es mit einigen tiefen Seufzern. Die Tränen füllen ihr die Augen. Der Regen umgibt ihren Körper und ihre Seele. Der Regen fließt an den Fensterscheiben herunter und über ihre Gedanken und die Bilder hin, die sich hinter ihren Augen bewegen. Das Prasseln des Regens in den großen Bäumen und gegen die Dachziegel gibt zwar ein Gefühl der Geborgenheit, aber es ist eine Geborgenheit aus alter Gewohnheit, ein Gefühl aus der Kindheit und daher mit Trauer verbunden. Das beweist, daß ich anfange, alt zu werden, denkt Frau Helena und ist mit dieser ihrer Feststellung irgendwie zufrieden, weil sie trotz allem ihre Lage durchschaut und so Herr der Situation ist.

Sie trocknet die Tränen mit dem Handrücken, und

nachdem sie ein paarmal geblinzelt hat, sieht sie viel klarer. Ihr gegenüber sitzt ihr Sohn Oscar Ekdahl in seinem zerknitterten Leinenanzug. Er hat die alte schäbige Sommermütze auf den Tisch gelegt und betrachtet sie teilnahmsvoll.

HELENA Ja, Oscar, da siehst du, genauso ist es. Man ist alt und zugleich ein Kind. Und dann begreift man nicht, wo die Zeit dazwischen geblieben ist, die Zeit, die man für so bedeutungsvoll gehalten hat. Ich sitze hier und werde melancholisch und denke, die Zeit ist doch sehr kurz gewesen. Dein Vater sagt immer, ich sei sentimental. Er war, wie du weißt, nicht besonders empfindsam, und er war sowohl böse als auch beleidigt, als er starb. Er fand das Leben niemals grausam oder ungerecht oder schön. Er lebte einfach und pfiff auf jeden Kommentar. Die Kommentare überließ er mir. Und wenn ich das Leben so oder so fand, lachte er mich aus und sagte, ich sei sentimental. Aber ich war doch eine Künstlerin. Und als Künstlerin durfte ich gefühlvoll sein. Oscar, mein lieber Junge, ich ängstige mich vielleicht ohne Grund. Wenn man nichts hat, was die Gedanken beschäftigt, fängt man sofort an, sich Sorgen zu machen. Darf ich deine Hand nehmen?

Er gibt ihr die Hand, und sie hält sie lange in der ihren. Mit der anderen Hand umfaßt sie sein Handgelenk und fühlt das gleichmäßige Schlagen des Pulses.

HELENA Ich weiß noch, wie klein deine Hand als Kind war. Sie war klein, fest und trocken, und dein Handgelenk war so entsetzlich schmal. Es machte Spaß, Mutter zu sein, es machte auch Spaß, Schauspielerin zu sein, aber mehr Spaß, Mutter zu sein. Ich mochte es gern, einen dicken Bauch zu haben, das Theater habe ich herzlich gern sausen lassen. Alle diese Dinge sind übrigens Rollen. Manche machen Spaß, andere weniger. Ich spiele Mutter. Spiele die Julia, die Margareta. Plötzlich spiele ich Witwe. Oder Großmutter. Die eine Rolle löst die andere ab. Es kommt darauf an, nicht zu schummeln, sich nicht zu entziehen. Aber wo ist alles geblieben, kannst du mir das sagen, mein lieber Junge?

Frau Helena erwartet eigentlich keine Antwort. Das hat sie nie getan, das haben ihre Gesprächspartner ihr Leben lang verstanden.

HELENA Du bist lieb, du hörst deiner alten Mama zu, wenn sie ihre Monologe hält, wie Isak immer sagt. Du bist ein lieber Junge, Oscar, und ich habe schrecklich getrauert, als du von uns gegangen bist; das war eine seltsame Rolle. Die Gefühle kamen aus dem Körper, ich konnte sie zwar beherrschen, aber sie zerschlugen die Wirklichkeit, wenn du verstehst, was ich meine.
*Pause.*
Seitdem ist die Wirklichkeit kaputt geblieben, und seltsamerweise empfinde ich es so als richtiger. Ich mache mir also keine Mühe, sie wieder heil zu machen. Es macht mir tatsächlich nichts aus, daß nichts stimmt.

Oscar hält noch immer ihre Hand. Er hat das Gesicht dem Fenster zugewandt, das Lächeln ist erloschen, er ist jetzt ernst, sieht müde und erschöpft aus. So, wie Frau Helena ihn aus den letzten Jahren kennt.

HELENA Oscar, mein Junge?
OSCAR Ja, Mama.
HELENA Du siehst krank und traurig aus.
OSCAR Ich mache mir Sorgen.
HELENA Du machst dir wegen Emilie und der Kinder Sorgen?

Die Verandatür wird aufgeschoben. Vielleicht weckt Frau Helena das Geräusch auf, vielleicht hat sie auch gar nicht geschlummert. Oscar hat sich fortbegeben. Über der Bucht wird es hell, der Regen hat nachgelassen, das Gewitter hat sich verzogen. In der Türöffnung steht eine kleine Person in gelbem Ölzeug mit feuchtem, langem Haar und zwei dicken hellen Zöpfen, barfuß. Sie betrachtet Frau Helena mit frohem Erstaunen.

EVA Bist du allein?
HELENA Ja, ich bin allein.
EVA Ich heiße Eva und wohne da drüben auf der anderen Seite.
HELENA Wie alt bist du?
EVA Acht Jahre.
HELENA Möchtest du etwas Saft?
EVA Nein, danke.
HELENA Oder ein Stück Kuchen?
EVA Nein, danke.
HELENA Was willst du eigentlich?
EVA Ich will wissen, wann Fanny und Alexander in diesem Sommer herkommen. Wir spielen immer zusammen, und es ist langweilig, wenn sie nicht hier sind.
HELENA Ich weiß nicht.
*Pause.*
Ich weiß es tatsächlich nicht.
EVA Ach so.
HELENA Ich weiß es nicht.

Eva bleibt einige Sekunden stehen und denkt über diese unfaßbare und niederschlagende Nachricht nach.

EVA Kannst du nicht einfach BESTIMMEN, daß sie herkommen sollen?
HELENA Das sollte ich vielleicht tun.

EVA Es gibt doch wohl niemanden, der dir nein zu sagen wagt.
HELENA Meinst du?
EVA Das sagt jedenfalls Papa.
HELENA Willst du nicht reinkommen und dich setzen?
EVA Nein, danke. Ich muß jetzt gehen. Auf Wiedersehen.
HELENA Dann auf Wiedersehen, Eva.
EVA Vergiß nicht, daß du es versprochen hast.
HELENA Ich werde tun, was ich kann.

Eva bleibt einen Augenblick stehen und sieht Frau Helena intensiv an. Dann sagt sie noch einmal Auf Wiedersehen und hopst die Verandatreppe hinab, mehrere Stufen auf einmal nehmend. Plötzlich ist der kleine gelbe Fleck von all dem Grün verschluckt.

Der Regen rauscht, in der Ferne bellt ein Hund. Frau Helena greift nach ihrem Buch und beginnt lustlos, mit einem schweren Silbermesser die Seiten aufzutrennen. Irgend jemand bewegt sich auf der anderen Seite vom Eßzimmer im Flur, eine Tür geht auf, Schritte.

HELENA Wer ist da?
EMILIE Ich bin's nur.
HELENA Emilie!

Sie umarmen einander mit Rührung. Frau Helena streichelt Emilie übers Haar und über die Wange.

EMILIE Ich habe Sehnsucht nach diesem Haus gehabt.
HELENA Hast du die Kinder mitgebracht?
EMILIE Nein.
HELENA Es geht ihnen gut?
EMILIE *nach einer Pause.*
Ich glaube nicht.

## 4

Zum selben Zeitpunkt und während desselben Regens eröffnet der Bischof Edvard Vergerus einen Prozeß gegen seinen Stiefsohn Alexander Ekdahl. Hauptzeuge des Anklägers ist Justina, das Dienstmädchen. Bei der Verhandlung anwesend sind die Mutter des Bischofs, Frau Blenda, seine Schwester, Fräulein Henrietta, die Geschwister des Angeklagten, Amanda und Fanny sowie Gott der Allmächtige im Himmel.

Das Ganze beginnt mit dem Abholen. Ein Schlüssel wird ins Schloß gesteckt, und Fräulein Henrietta, gefolgt von Frau Blenda, betritt das Kinderzimmer, weckt die Geschwister mit unsanftem Schütteln und befiehlt ihnen, sich sofort anzuziehen. Fanny fängt an zu weinen, Amanda fragt nach der Mutter, und Alexander fragt verärgert, was los sei. Niemand antwortet auf ihre Fragen. Zusammengepreßte Lippen und verschlossene Gesichter. Als Amanda sich ein Kleid angezogen hat, zieht man in die Bibliothek, in der der Bischof zusammen mit Justina wartet.

Frau Blenda und Fräulein Henrietta setzen sich mit Handarbeiten aufs Sofa; die Kinder sind an der Tür geblieben. Der Bischof erhebt sich von dem langen Bibliothekstisch. Justina lächelt hastig, aber unsicher. Alexander wird aufgerufen. Er steht jetzt mitten in dem mächtigen Zimmer, das vom Boden bis zur Decke mit Büchern gefüllt ist. In seinen Eingeweiden bewegt sich ein großes Entsetzen wie eine kranke Krabbe.

VERGERUS *sanft.*

Alexander, mein Junge. Du hast mich in Gegenwart deiner Geschwister und Justinas beschuldigt, meine Frau und meine Kinder ermordet zu haben.

ALEXANDER Das ist nicht wahr.

VERGERUS Justina, möchtest du bitte deine Erzählung wiederholen.

JUSTINA Alexander hat behauptet, daß er die tote Frau Bischof und ihre Kinder gesehen hat. Sie soll zu ihm gesprochen haben. Sie soll gesagt haben, daß ihr Mann, Seine Hochwürden, der Bischof, sie im Zorn zusammen mit den Kindern in dem damaligen Schlafzimmer ohne etwas zu essen oder Wasser eingeschlossen hat. Am fünften Tag versuchten sie, durchs Fenster zu fliehen, sind aber beim Fluchtversuch ertrunken.

VERGERUS Erkennst du diese Erzählung wieder?

ALEXANDER Nein.

VERGERUS Du behauptest also, daß Justina ein falsches Zeugnis ablegt?

ALEXANDER Sie muß geträumt haben.

VERGERUS Justina, bist du bereit, deine Aussage zu beeiden?

JUSTINA *macht einen Knicks.*
Ja, Hochwürden.

VERGERUS Das ist gut, Justina. Haben Fanny und Amanda Alexanders Erzählung gehört?

AMANDA Nein.

FANNY *flüstert.*
Warum kneifst du mich?
*Zum Bischof.* Nein.

VERGERUS Ihr leugnet also, etwas gehört zu haben?

AMANDA Ich erinnere mich nur, daß Justina erzählte, sie hätten die Frau Bischof und die Kinder unter der Brücke neben dem Dom gefunden und daß man gezwungen gewesen ist, sie zu zersägen, um sie in die Särge reinzukriegen.

VERGERUS Justina, hast du das gesagt?

JUSTINA *flüstert.* Ja.

Es folgt ein langes Schweigen. Das Gesicht des Bischofs

schwillt an, es ist groß und schrecklich, übermenschlich. Seine Stimme ist gleichwohl unverändert leise und freundlich.

VERGERUS *zu Alexander.*
Du hältst daran fest, daß Justina gelogen oder geträumt hat?

ALEXANDER Ja.

VERGERUS Bist du bereit, deine Aussage zu beeiden?

ALEXANDER Selbstverständlich.

VERGERUS Es ist eine Todsünde, falsch zu schwören, Alexander. Man nennt das einen Meineid und es wird hart bestraft.

ALEXANDER Aha.

Alexander stellt sich auf das andere Bein, steckt die Hand in die Seite und leckt sich die trockenen Lippen. Jetzt ist alles egal. Das Leben ist zu Ende. Jetzt trifft ihn Gottes Strafe. Verdammter, nachtragender, verfluchter Gott.

VERGERUS Sei so nett und komm hierher zum Tisch. Leg deine linke Hand auf die Bibel und sprich mir nach: Ich, Alexander Ekdahl, schwöre bei der Heiligen Schrift und beim lebendigen Gott –

ALEXANDER *mit fester Stimme.*
Ich, Alexander Ekdahl, schwöre bei der Heiligen Schrift und beim lebendigen Gott – –

VERGERUS – daß alles, was ich gesagt habe, sage und sagen werde, die Wahrheit und nichts als die Wahrheit ist.

ALEXANDER – daß alles, was ich gesagt habe, sage und sagen werde, die Wahrheit und nichts als die Wahrheit ist. Darf ich jetzt gehen?

VERGERUS Du willst schon gehen, Alexander?

ALEXANDER Es gibt nichts mehr zu sagen. Wie will Justina beweisen, daß sie nicht geträumt hat?

VERGERUS Sag mir mal etwas. Wie gefällt es dir bei uns hier im Bischofshaus?

ALEXANDER Wie einer Schlange in einem Ameisenhaufen. Nur noch schlechter.

VERGERUS Du magst deinen Stiefvater nicht, nicht wahr?

ALEXANDER Muß ich darauf antworten?

VERGERUS Erinnerst du dich, daß wir beide vor etwa einem Jahr ein ziemlich ernstes Gespräch gehabt haben? Es ging dabei um bestimmte Moralfragen.

ALEXANDER Ein Gespräch ist das wohl nicht gewesen.

VERGERUS Was willst du damit sagen?

ALEXANDER Sie haben gesprochen, Herr Bischof, ich habe geschwiegen.

VERGERUS Geschwiegen und dich geschämt, wegen deiner Lügen.

ALEXANDER Ich bin seitdem klüger geworden.

VERGERUS Du meinst, daß du besser lügst.

ALEXANDER So ungefähr. Ja.

VERGERUS Ich weiß nicht, was du dir vorstellst, Alexander. Hältst du das hier für einen Spaß? Glaubst du, daß man die Ehre eines anderen Menschen ungestraft schänden darf? Glaubst du, daß man ohne Folgen lügen darf, sich wenden und drehen und einen Meineid schwören darf? Glaubst du, daß wir miteinander spielen, Alexander? Oder glaubst du vielleicht, daß dies eine Art Theaterstück ist, in dem jeder seine Repliken so aufsagt, wie es sich gerade ergibt?

ALEXANDER Ich glaube, daß Sie mich hassen, Herr Bischof. Das ist es, was ich glaube.

VERGERUS Aha, das ist es also, was du glaubst.

*Pause.*

Jetzt will ich dir mal etwas sagen, mein Junge. Etwas, was dich vielleicht erstaunen wird. Ich hasse dich nicht. Ich liebe dich. Aber die Liebe, die Liebe, die ich für dich und deine Mutter und deine Geschwister hege, ist nicht blind, und sieht nicht alles nach. Sie ist stark und streng, Alexander. Wenn ich dich bestrafen muß, leide ich mehr, als du ahnst. Aber meine Liebe zu dir zwingt mich, aufrichtig zu sein. Sie zwingt mich, dich zu erziehen, und dich zu formen, auch wenn es weh tut. Hörst du, was ich sage, Alexander?

ALEXANDER Nein.

VERGERUS Du verhärtest dich. Außerdem beurteilst du die Situation falsch. Ich bin nämlich viel stärker als du.

ALEXANDER Das bezweifle ich überhaupt nicht!

VERGERUS Seelisch stärker, mein Junge. Das liegt daran, daß ich die Wahrheit und die Gerechtigkeit auf meiner Seite habe. Ich weiß, daß du nach einiger Zeit gestehen wirst. Du wirst dein Geständnis und deine Strafe als eine Erleichterung erleben, und wenn deine Mutter heute abend wiederkommt, ist alles aus der Welt, und der Alltag geht wie gewöhnlich weiter. Du bist ein kluger kleiner Mann, Alexander, du siehst nämlich ein, daß das Spiel verloren ist, aber du bist stolz und hartnäckig, und dann schämst du dich natürlich.

ALEXANDER Einer von uns sollte sich schämen. Das ist richtig.

VERGERUS Du mußt verstehen, daß deine Unverschämtheiten deiner Sache nicht dienen. Sie bestärken nur meinen Verdacht.

ALEXANDER Ich habe vergessen, was ich gestehen soll.

VERGERUS Aha. So ist das.

ALEXANDER *nach einer langen Pause.*
Was, Herr Bischof, soll ich gestehen?

VERGERUS Du weißt, daß mir Mittel zur Verfügung stehen.

ALEXANDER Das habe ich nicht gewußt, aber jetzt weiß ich es.

VERGERUS Wirkungsvolle Mittel.

ALEXANDER Das klingt nicht lustig.

VERGERUS In meiner Kindheit war man nicht so gefühlsduselig. Kleine Schurken wurden exemplarisch, aber liebevoll bestraft. Damals gab es den Rohrstock, den gibt es hier auch, er liegt da auf dem Tisch; es ist ein ganz gewöhnlicher Teppichklopfer, aber er kann recht gut tanzen. Dann hatten wir noch ein Mittel, das wirklich durchschlagend war, nämlich das Rizinusöl. Siehst du, Alexander, da steht die Flasche, und da steht ein Glas. Man wird ziemlich klein und häßlich, wenn man ein paar Schlucke getrunken hat. Und wenn das Rizinusöl nicht half, gab es da noch ein dunkles und ziemlich kaltes Kabuff, in dem man ein paar Stunden sitzen durfte, bis die Ratten anfingen, einem im Gesicht herumzuschnuppern. Siehst du, da unter der Treppe, Alexander, dort ist ein ziemlich geräumiges Loch, das auf dich wartet. Dann gibt es natürlich noch andere, barbarischere Methoden, aber die mißbillige ich, sie waren demütigend und gefährlich und kommen nicht mehr in Frage – heutzutage nicht mehr.

ALEXANDER Was bekomme ich für eine Strafe, wenn ich gestehe?

VERGERUS Das darfst du selbst bestimmen, Alexander.

ALEXANDER Warum muß ich bestraft werden?

VERGERUS Das ist vollkommen selbstverständlich, mein Junge. Du hast eine Charakterschwäche, du kannst Lüge nicht von Wahrheit trennen. Noch bist du ein Kind, und deine Lügen sind die Lügen eines Kindes (wie entsetzlich sie auch sein mögen). Aber bald bist du ein erwachsener Mann, und das Leben straft Lügner ohne Liebe oder Rücksicht. Die Strafe soll dich lehren, die Wahrheit zu lieben.

ALEXANDER Ich gestehe, daß ich diese Geschichte, daß Sie die Frau Bischof und die Kinder eingeschlossen haben, erfunden habe.

VERGERUS Gestehst du auch, daß du einen Meineid geschworen hast?

ALEXANDER Na schön, das gestehe ich auch.

VERGERUS Jetzt hast du einen großen Sieg errungen, mein Junge. Einen Sieg über dich selbst. Welche Strafe wählst du?

ALEXANDER Wieviele Schläge mit dem Rohrstock bekomme ich?

VERGERUS Nicht weniger als zehn Schläge.

ALEXANDER Dann wähle ich den Rohrstock.

VERGERUS Knöpf die Hose auf und zieh sie runter. Stell dich ans Sofa und beug dich nach vorn. Schieb dir eines der Kissen unter den Bauch.

Jetzt folgen zehn nicht allzu harte Schläge mit dem Rohrstock. Alexander schweigt, beißt sich in die Hand, die Tränen laufen aus Augen und Nase, er ist dunkelrot im Gesicht, und unter der aufgerissenen Haut sickert Blut hervor.

VERGERUS Steh auf, Alexander.

Alexander steht auf.

VERGERUS Du hast mir etwas zu sagen.

ALEXANDER Nein.

VERGERUS Du sollst mich um Verzeihung bitten.

ALEXANDER Niemals.

VERGERUS Jetzt mußt du dich auspeitschen lassen, bis du auf bessere Gedanken kommst, Alexander. Kannst du uns beiden ein derart unangenehmes Erlebnis nicht ersparen?

ALEXANDER Ich werde niemals um Verzeihung bitten.

VERGERUS Du bittest nicht um Verzeihung?

ALEXANDER Nein.

VERGERUS Zieh die Hosen runter. Leg dich vornüber. Schieb das Kissen unter den Bauch.

Er gedenkt zu schlagen.

ALEXANDER Schlag nicht mehr!

VERGERUS Dann bittest du also um Verzeihung?

ALEXANDER Ja.

VERGERUS Knöpf dir die Hose zu. Putz dir die Nase. Gib ihm ein Taschentuch, Justina. Was hast du zu sagen, Alexander?

ALEXANDER Ich bitte Sie um Verzeihung, Herr Bischof.

VERGERUS – für die Lügen und den Meineid.

ALEXANDER – für die Lügen und den Meineid.

VERGERUS Du verstehst, daß ich dich aus Liebe bestraft habe.

ALEXANDER Ja.

VERGERUS Küß mir die Hand, Alexander!

ALEXANDER *küßt dem Bischof die Hand.*
Darf ich jetzt schlafen gehen?

VERGERUS Das darfst du, mein Junge. Aber um dir Gelegenheit zu geben, die Ereignisse des Tages in aller Ruhe zu überdenken, sollst du auf dem Boden schlafen. Justina wird dir eine Matratze und eine Wolldecke raufbringen. Morgen früh um sechs Uhr schließt Henrietta die Tür auf, und du bist frei. Ist das gut so, Alexander?

ALEXANDER Ja, Hochwürden.

## 5

Emilie und Frau Helena sitzen sich gegenüber; sie halten einander bei der Hand, sprechen leise, fast flüsternd. Es regnet noch immer draußen über der Bucht, über der Ebene, über der Sommerveranda, das Nachmittagslicht ist weich und ohne Schatten, alle Umrisse werden deutlich, alle Kontraste gemildert. Im Eßzimmer schlägt die Uhr.

HELENA Mußt du schon gehen?
EMILIE Ich bin zu lange weggewesen.
HELENA Arme Emilie.
EMILIE *schüttelt den Kopf.*
Für die Kinder ist es am schwierigsten. Sie werden für das kleinste Vergehen bestraft. Henrietta schließt sie ein und zwingt sie, sich am hellichten Tag ins Bett zu legen. Vor einer Woche weigerte sich Fanny, ihren Brei aufzuessen. Sie mußte den ganzen Abend dabeisitzen. Sie übergab sich in den Teller. Schließlich aß sie den Brei auf.
HELENA Alexander?
EMILIE Er ist verrückt vor Eifersucht, aber versteht nicht, daß die Eifersucht gegenseitig ist.
HELENA Meine arme Emilie!
EMILIE Ich werde von einer grenzenlosen Selbstverachtung gequält. Wie konnte ich so blind sein. Wie konnte ich mit diesem Mann Mitleid fühlen. Ich bin doch immerhin Schauspielerin und hätte seine Verstellung durchschauen müssen. Aber er war geschickter als ich. Seine Überzeugung war größer als meine, und er hat mich geblendet. Ich hatte schon so lange einsam gelebt, schon seit Fannys Geburt. Ich haßte meine vorübergehenden Gefühlsstürme. Ich haßte die entsetzliche Einsamkeit meines Körpers. Oscar war mein bester Freund, das weißt du, Helena. Du weißt, wie sehr ich ihn mochte. Du weißt, daß meine Trauer aufrichtig war, als er von uns ging. Aber du weißt auch, daß wir uns nie mehr angerührt haben.
HELENA Ich werfe dir nichts vor.
EMILIE Ich glaubte mein Leben abgeschlossen, versiegelt. Manchmal trauerte ich, warf mir aber selbst meine Undankbarkeit vor. Wie spät ist es, Helena? Ich muß bald gehen, ich habe solche Angst davor, zu spät zu kommen. Seine Raserei ist furchtbar, ich verstehe nicht,

wie ein Mensch mit so viel Haß leben kann. Ich habe nichts gesehen, nichts begriffen. Er sprach zu mir von einem anderen Leben. Einem Leben mit Forderungen, der Reinheit, der Freude und der Pflichterfüllung. Ich hatte solche Worte noch nie gehört. Es war wie ein Licht um ihn, wenn er mit mir sprach. Gleichzeitig sah ich ja, daß er einsam war, daß er unglücklich war, gejagt von Ängsten und bösen Träumen. Er versicherte, daß ich ihn retten würde. Er sagte, daß wir gemeinsam mit den Kindern ein Leben in der Nähe Gottes führen würden – in der Wahrheit. Das mit der Wahrheit war wohl das Wichtigste. Ich war so durstig – das klingt dramatisch und überspannt – Helena, ich weiß das, aber ich kann kein anderes Wort finden: mich dürstete nach der Wahrheit, und ich glaubte, in Lüge gelebt zu haben. Ich wußte auch, daß die Kinder einen Vater brauchen, der sie mit fester Hand stützen und leiten kann.

*Pause.*

Er sollte mich auch aus meiner körperlichen Einsamkeit befreien. Ich war so dankbar, Helena. Und ich verließ mein altes Leben, ohne etwas zu vermissen. Jetzt muß ich gehen. Da draußen am Zaun wartet ein Wagen. Ich habe Angst, daß etwas passiert ist, während ich hier gewesen bin. Ich lebe in ständiger Angst, daß Alexander etwas sagt, was ihm mißfällt. Alexander ist so dummdreist, ich habe versucht, ihn zu warnen, aber er versteht nicht, daß sein Stiefvater ein lebensgefährlicher Gegner ist, der nur auf die richtige Gelegenheit wartet, ihn zu vernichten.

HELENA Du mußt ihn verlassen, Emilie.

EMILIE *lächelt.*

Ich habe gewußt, daß du so etwas sagen würdest. Ich denke in jeder Stunde daran, daß ich ihn verlassen sollte, die Scheidung verlangen, zum Theater und zu unserer Familie zurückkehren sollte.

HELENA Wenn du so sicher bist, sollte es nicht unmöglich sein.

EMILIE Ich erwarte ein Kind, Helena!

HELENA Trotzdem solltest du –

EMILIE Entschuldige, daß ich dich unterbreche. Ich werde ganz kurz über alle Tatsachen berichten. Ich habe ihn um Scheidung gebeten. Er weigert sich. Einmal sagt er, daß er mich liebt, zum anderen sagt er, daß eine Scheidung in seinem Amt undenkbar sei. Ich sage, daß ich ihn auf jeden Fall verlassen werde. Dann zieht er das Gesetzbuch hervor und erklärt eingehend, was passieren wird. In einem Prozeß würde ich verlieren, weil ich »ihn böswillig verlassen habe«, wie es heißt. Man wird mir die Kinder wegnehmen, damit er sie aufziehen kann. Ich habe insgeheim an einen Rechtsanwalt geschrieben, der mein Freund ist. Er hat die Behauptungen Edvards bestätigt. Ich bin eingesperrt und kann nicht länger atmen. Ich bin dabei zu sterben, Helena. Und ich hasse diesen Mann so grenzenlos, daß ich am liebsten –

*Schweigen.*

HELENA *flüsternd.*

Wir müssen eine Lösung finden.

EMILIE Sag nicht, daß ich hier gewesen bin. Zu niemandem!

## 6

Alexander hat eine Stunde oder zwei geschlafen. Als er aufwacht, ist es immer noch hell, er kann durch die Dachfenster den farblosen Sommerhimmel sehen. Er versucht sich aufzurichten, aber das tut weh, und er zieht es vor, mit den Händen zwischen den Schenkeln auf der Seite zu liegen. Er ist ermattet, hat durchdringende Kopfschmerzen und Durst.

Der Wind verliert sich in Dunkelheit und Schatten. Die Luft ist dick vor Staub und Hitze, es riecht nach altem Holz, verfaulten Äpfeln und toten Ratten. Das bleiche Licht fällt auf die Schornsteinummantelung und die Matratze und Alexander. Dies ist ein Ort für Gespenster und Geister.

Das weiß Alexander.

ALEXANDER *schwach.* Mama.

Es knackt in den alten Deckenbalken, irgendwo knarrt eine Bohle, ist da hinten jemand zu sehen?

ALEXANDER *schwach.* Mama.

Ein dünnes Flügelgeflatter. Dann ein Windstoß. Es geht ein tiefer Seufzer durch den großen Raum. Er glaubt, flüsternde Stimmen zu hören, vielleicht ist es auch nur der Wind.

ALEXANDER *räuspert sich.*

Papa? Hörst du, was ich sage?

Wenn du mich besuchen willst, dann sei so lieb und denk daran, daß ich vor Gespenstern Angst habe und daß du doch tatsächlich tot bist. Sei so nett und komm nicht von hinten und leg mir nicht plötzlich die Hand auf die Schulter. Ich würde vor Angst vielleicht verrückt werden, und das willst du doch wohl nicht?

*Pause, Schweigen.*

Ich will, daß du von vorn auf mich zugehst und daß du deine gewöhnliche Stimme hast und deine gewöhnlichen Kleider, und bitte bitte auch kein besonderes Strahlenlicht – auch damit werde ich nicht fertig.

*Pause – lauscht.*

Ich verstehe nicht, warum ich gezwungen bin, tote Menschen zu sehen, wenn mir das überhaupt nicht bekommt. Ich habe einen Freund, der fast alles darum geben würde, ein Gespenst zu sehen, aber der hat in seinem ganzen Leben noch kein einziges gesehen, obwohl er ganze Nächte auf Friedhöfen herumgesessen hat.

Er verstummt und lauscht. Deutliche Schritte hinten in der Dunkelheit. Verdammt noch mal, sagt Alexander, und friert und friert so, daß er zittert. Verdammt noch mal. Verdammte Scheiße, jetzt sterbe ich vor Angst. Er hält den Atem an und macht die Augen zu. Als er die Augen wieder aufschlägt, steht ein Mädchen von etwa zehn Jahren vor ihm. Sie sieht ihn mit brennenden Augen an; das Gesicht ist schmal, und an den Ohren hat sie zwei schmale Zöpfe. Die Farben des Kleides sind verblichen, sie trägt dicke Wollstrümpfe mit einem Loch auf einem Knie und hohe Winterstiefel. Sie hält die Hände auf dem Rücken. Wenigstens sieht es so aus. Es kann auch sein, DASS SIE KEINE ARME HAT.

PAULINE Ich heiße Pauline. Meine Schwester Esmeralda ist da hinten, bei dem grünen Schirm. Sie ist böse auf dich, Alexander. Sie will, daß wir dich bestrafen. Warum machst du so ein erstauntes Gesicht? Du weißt sehr wohl, warum wir Grund haben, dir böse zu sein.

ALEXANDER Das weiß ich nicht.

PAULINE Du hast über unseren Vater Lügen erzählt. Du hast gesagt, er hätte uns eingeschlossen. Das ist nicht wahr. Die Stauluken bei der Mühlenbrücke waren schon seit mehreren Wochen geschlossen, und der Fluß fror zu. Wir hatten zu Weihnachten neue Schlittschuhe bekommen. Aber das Eis brach, und wir sanken ins Wasser. Mutter versuchte, uns zu retten, aber Stromwirbel zogen uns unters Eis. Jetzt kennst du die Wahrheit, du Ärmster. Ich und meine Schwester haben über eine gute Methode gesprochen, wie wir dich zur Strafe für deine Lügen erschrecken können, und wir glauben, jetzt zu wissen, was dich mehr als alles andere erschreckt.

ALEXANDER Bitte, bitte, nicht erschrecken.

PAULINE Hörst du, was er sagt, Esmeralda?

Esmeralda kichert unsichtbar.

PAULINE Wir hatten unseren Vater gern. Er war immer lieb zu uns. Wir können sehen, daß du ihn mit deinem Haß quälst.

ALEXANDER Ich hasse ihn nicht.

PAULINE Hörst du, was er sagt, Esmeralda? Er haßt unseren Vater nicht!

Esmeralda kichert unsichtbar.

PAULINE Jetzt haben wir uns ausgedacht, daß wir unseren Vater von dir und deinem scheußlichen Haß befreien wollen. Wir werden dich erschrecken, so daß du verrückt wirst und ins Krankenhaus kommst und in einer Zelle, die mit Matratzen ausgelegt ist, mit Ketten an den Händen und Füßen sitzen mußt. Wir werden dann kommen und dich besuchen.
*Flüstert Alexander etwas ins Ohr.*

ALEXANDER *schreit schrill auf.*

PAULINE Das ist nur der Anfang.

Esmeralda kichert und läßt sich plötzlich sehen.

Plötzlich sind aufgeregte Stimmen und höchst greifbare, durchaus nicht gespenstische Schritte zu hören. Ein Schlüssel wird in die Bodentür gesteckt, und Emilie rennt die Treppe hinauf.

Sie hat nicht einmal Zeit gehabt, sich Mantel und Hut auszuziehen. Als sie Alexander entdeckt, der in der Schornsteinmauer hockt, läßt sie ein dumpfes Fauchen hören und umarmt ihn, umschließt ihn mit ihrem Körper. Sie berührt das blutige Hemd und die aufgeplatzten weißen Hautfetzen, aber sie weint nicht. Auch Alexander weint nicht. In einem kurzen Augenblick erfaßt er die Machtlosigkeit seiner Mutter und ahnt die Gefahr, die wie eine dunkle Woge über sie hereinbrechen wird. Er versteht auch, daß es Menschen gibt, die ihm Böses wollen, die ihn auslöschen wollen, und daß gerade diese Menschen die Macht und den Willen haben, ihr Vorhaben durchzuführen. Die Wirklichkeit hat für Alexanders Träume und Phantasien immer Bausteine bereitgehalten. Plötzlich stürzt dieselbe Wirklichkeit mit blinder Brutalität in sein Bewußtsein. In diesem heulenden Schrecken eingeschlossen, spürt er gleichwohl, daß er überleben will. Er erkennt ahnend auch die Tage und die Jahre, die voller Furcht und Lüge sein werden, aber auch voller Widerstand und bescheidener Siege.

Mutter und Sohn schleppen sich die steile Bodentreppe hinab. An der Tür warten Fanny und Amanda. Einen Augenblick halten sie aneinander fest, als wären sie ein Körper. Alexander kann Pauline sehen, sie steht an der Schornsteinmauer, ihr Gesicht ist vor Haß verzerrt.

## 7

Frau Helena findet es auf der Veranda zu kühl und hat sich ins Eßzimmer zurückgezogen, wo sie sich mit einem Album und mehreren Umschlägen mit Fotografien an dem großen Tisch niedergelassen hat. Mit pedantischer Sorgfalt betrachtet die alte Dame jedes Bild; auf der Rückseite zeichnet sie mit ihrer säuberlichen, fließenden Handschrift auf, was das Bild darstellt und, wenn möglich, wann es aufgenommen worden ist. Ist die Person verstorben, zeichnet sie ein kleines Kreuz und notiert das Todesjahr. Nachdem sie das Bild auf diese Weise registriert und datiert hat, steckt sie es in ein dickes, in Leder gebundenes Album mit Rahmen und Spangen und Goldprägung auf den Deckeln. Sie empfindet diese Beschäftigung als beruhigend, sie stimmt sie milde melancholisch. Frau Helenas Ehemann, Oscar der erste Ekdahl, war ein eifriger Amateurfotograf. Er hatte mit mehreren Kameras Tausende von Fotos gemacht, sowohl Augenblicksfotos, Schnappschüsse, wie gestellte Zimmerfotos. Er entwikkelte und kopierte seine Glasnegative gern selbst, war aber nicht sonderlich daran interessiert, sie in Alben zu sortieren. Dies wurde nach und nach eine Aufgabe, der sich Frau Helena annahm, mitunter mit gemischten Gefühlen, weil Oscars Interesse für die Fotografie auch ziemlich unbekannte Schönheiten von zweifelhaftem Ruf umfaßte.

Der neueingekaufte Phonograph surrt auf seinem Piedestal und bringt die schmelzenden Töne Carusos hervor. Der Regen ist wieder stärker geworden, aber von Zeit zu Zeit bricht die Sonne durch und verzaubert die Landschaft. Über der Bucht steht ein Regenbogen, und die Eßzimmeruhr schlägt fünf.

Auf einmal sind fröhliche Stimmen zu hören, Gelächter und Rufe. Sie kommen von der Anlegebrücke. Bald hört man, wie Türen in den anderen Häusern geöffnet und geschlossen werden, hastige Schritte auf dem Kies. Jenny hat einen heftigen Wortwechsel mit ihrer Mutter. Maj sagt etwas zu Petra, Fräulein Vega und Fräulein Ester nähern sich eifrig redend und keuchend der Veranda. Sie öffnen die Küchentür und hantieren in der Küche. Frau Helena kann ihre Unterhaltung hören: Fräulein Vega ist von einer Wespe angegriffen und gestochen worden, und die Wade ist geschwollen. Fräulein Ester macht eine Kompresse und sagt, daß ein Wespenstich gefährlicher sei als ein Schlangenbiß und Fräulein Vega sich still verhalten müsse, und daß sie, Ester, Frau Ekdahl das Abendessen zubereiten werde.

Dann geht die Verandatür auf und Gustav Adolf und Alma treten ein; die Seeluft und gute Getränke haben ihre Gesichter gerötet. Sie küssen Frau Helena und fragen, wie es ihr geht, ob sie sich allein gefühlt habe. Frau Helena erwidert, es gehe ihr ausgezeichnet, und sie habe es richtig schön gehabt.

Gustav Adolf und Alma geben jedoch nicht so leicht auf; sie sind aufgemuntert und mitteilsam.

ALMA Fräulein Vega ist von einer Wespe gebissen worden.

GUSTAV ADOLF Eine Wespe sticht, mein Liebling. Sie hat einen Stachel, genau wie dein kleiner Alter.

ALMA Und Petra ist in den Bach gefallen und wurde klatschnaß. Sie ist auf den glatten Felsen ausgerutscht, das verrückte Gör, und direkt ins Wasser gefallen.

GUSTAV ADOLF Was für ein Glück, daß sie einen so runden Hintern hat. Aber den hat sie von dir, kleine Alma.
*Er lacht.*

ALMA *lacht.*
So hast du schon den ganzen Tag losgelegt. Ich verstehe nicht, was mit dir los ist.
*Schreit auf.*
Au, du darfst mich nicht in den Po kneifen!

GUSTAV ADOLF Und Mama beschäftigt sich mit den Fotografien des Alten. Wieviel tausend hast du jetzt schon sortiert?

HELENA Hier ist jedenfalls ein Bild von dir und deinen Brüdern. Du kannst damals nicht älter als fünf gewesen sein.

GUSTAV ADOLF Man sieht schon, wer von den Brüdern –

ALMA *zeigt auf ein Foto.*
Wer ist diese schöne Dame?

HELENA Hat es die ganze Zeit auf euch heruntergeregnet?

GUSTAV ADOLF Überhaupt nicht, liebe Mama. Draußen am

Meer war nicht eine Wolke am Himmel. Aber wir haben den Regen über dem Festland gesehen und das Gewitter gehört.

HELENA Hier hat es den ganzen Tag geregnet.

GUSTAV ADOLF An diese Dame mit dem Dekolleté erinnere ich mich sehr gut. Sie war eine von Papas Freundinnen.

ALMA Wenn du willst, Tante, schaue ich nach dem Abendessen ein Weilchen herein. Ich nehme mir die Handarbeit mit.

GUSTAV ADOLF Sie roch so teuflisch gut, dieses kleine Fräulein.

HELENA Du irrst dich. Wir waren Klassenkameradinnen in der Schauspielschule. Sie heiratete einen Grafen Ekenstierna, bekam zwölf Kinder, wurde groß wie ein Haus. Sie ist im letzten Winter gestorben.

GUSTAV ADOLF Mama, ich habe deinen souveränen Umgang mit den Abenteuern Papas schon immer bewundert.

*Küßt sie.*

ALMA Wir müssen jetzt gehen!

GUSTAV ADOLF Ich fahre morgen früh in die Stadt. Soll ich etwas für dich erledigen, Mama?

HELENA Danke, lieber Gusten, ich brauche nichts, aber ich würde mit dir gern über Maj sprechen.

GUSTAV ADOLF Was zum Teufel soll das denn? Es geht ihr doch gut!

HELENA Bist du da sicher, Gusten?

GUSTAV ADOLF Jetzt werde ich wütend, du mußt schon entschuldigen, Mama. Hat dieses kleine Gör denn nicht alles, was –

ALMA Beruhige dich, Gusten. Wir brauchen kaum über das Kapitel Maj zu sprechen, da regt er sich auf und fängt an zu brüllen und zu schreien.

HELENA Du mußt einsehen, lieber Gusten, daß Maj nicht dein privates Spielzeug ist. Sie ist durch Almas Großmut ein Mitglied unserer Familie geworden, und sie erwartet mein Enkelkind. Du hast auf deine diktatorische Art und Weise ihre Zukunft vorgezeichnet. Es kann passieren –

GUSTAV ADOLF *wütend.*

Daß kann ich mir verflucht noch mal denken, daß Alma und –

ALMA Ich mag es nicht, daß du in Gegenwart deiner Mutter fluchst, hörst du, Gusten.

GUSTAV ADOLF *wütend.*

Ich mag dieses Mädchen. Ich will ihr wohl. Ich will ihre Zukunft sichern. Ich will nicht, daß sie vom Wohlwollen der Verwandtschaft abhängig ist, falls ich abkratzen sollte. Sie hat zu meinen Vorschlägen ja gesagt. Sie braucht, verdammt noch mal, keine Beschützer, vor allem nicht GEGEN MICH! Behauptet bloß nicht, daß ich ein Diktator sei. Maj hat alles selber bestimmen können. Ich hab sie gern. Ich bin lieb zu ihr. Alma ist lieb zu ihr. Jetzt bin ich ganz verflucht verletzt, will ich euch nur sagen. Verdammt verletzt. Es gibt nicht den geringsten Anlaß, Maj gegen mich in Schutz zu nehmen. Ich habe sie gern. Alma hat sie gern. Sie wird auf die gleiche Weise geliebt wie Fanny und Petra. Ja, ich sehe eure Mienen. Nicht GENAU wie die anderen Kinder. Aber beinahe. Sie ist lieb zu mir, sie findet mich nicht fett und alt und eklig. Das findet übrigens niemand. Gustav Adolf Ekdahl ist verrückt nach Damen. Was soll man dagegen tun? Maj soll ihren eigenen Weg durchs Leben gehen, und ich werde ihr festen Grund unter die Füße geben, auf dem sie stehen kann. So, jetzt ist, glaube ich, über diese Sache genug gequatscht worden. Komm jetzt, Alma, wir gehen nach Hause und essen zu Abend; der Opernsänger hat irgendwas davon gesagt, daß er mit seiner Frau und den Kindern hereinschauen wollte. Auf Wiedersehen, Mama, gib mir einen Kuß. Ich will es absolut nicht haben, daß du und Alma dasitzt und über Majs Zukunft kakelt. Für die sorge ich. Das heißt, sie selbst, wollte ich sagen. Gute Nacht, Mama. Sei mir nicht böse, weil ich ein bißchen laut gesprochen habe. Es hören ja nur diese mageren alten Elstern in der Küche zu, und die freuen sich nur, weil sie etwas kriegen, worüber sie schnattern können. Komm, Alma!

ALMA *Kuß.*
Ich komme in ein paar Stunden wieder.

GUSTAV ADOLF Den Teufel wirst du tun.

HELENA Du bist willkommen, auch wenn es spät wird.

ALMA Beruhige dich jetzt, Gusten, sonst kriegst du noch einen Schlaganfall. Du bist ganz rot im Gesicht.

Sie ziehen ab, leise miteinander streitend. Gustav Adolf wiederholt eine Zusammenfassung seiner Argumente, und Alma wirft ihm seine ungepflegte Sprache, seine diktatorische Natur und seine krakeelende Stimme vor. Fräulein Vega erscheint in der Tür und fragt, ob sie zum Abendessen aufdecken darf. Frau Helena dankt und sagt, sie habe keinen Hunger, daß Fräulein Vega aber eine Flasche Porter und ein Butterbrot mit Kalbsbraten und Gurke ans Bett stellen könne. Danach kommt Fräulein Vegas Wespe im besonderen und die Gefährlichkeit der Wespen im allgemeinen zur Sprache. Als das Thema erschöpft ist, zieht sich Fräulein Vega zurück und setzt sich auf die Sonnenuntergangsbank unter der großen Eiche. Fräulein Ester setzt sich dazu. Der Regen hat aufgehört, ein warmer Abendwind berührt das dunkler werdende Grün von Pflanzen und Bäumen.

Von ferne hört man Petra Klavier spielen. Die Fenster stehen für Mücken und Sonnenuntergang offen, und der Klang verebbt im Abendlicht. Frau Helena ist wieder auf die Veranda gegangen. Sie hat keine Geduld mehr mit Oscars Fotografien, aber weder Bücher noch das Patience-

Legen oder Handarbeit reizen sie. Die Traurigkeit, die Unruhe, steigen und sinken mit ihrem Atem. (Irgendwo passiert etwas Entsetzliches, und hier sitze ich, machtlos.)

Sie hört Stimmen und Schritte. Es sind Carl und Lydia, die ihr ihre abendliche Aufwartung machen wollen. Frau Helena seufzt vor Überdruß. Ich verkrafte diese Menschen nicht. Sie kann sie auf dem Gartenweg sehen; sie sind schnell bergauf gegangen, und Carl muß stehenbleiben und verschnaufen. Lydia steht mit den Händen auf dem Rücken und vorgeschobenem Kopf neben ihm.

LYDIA ICH sage nichts.

CARL Wenn du nichts sagst, wer soll es dann sagen?

LYDIA Ich jedenfalls nicht.

CARL Ich auch nicht.

LYDIA Du kannst nicht verlangen, daß ich etwas sage.

CARL Mama mißtraut mir, das weißt du. Sie mißtraut mir, und das ist deine Schuld. Deshalb kann ich nichts sagen –

LYDIA Wenn sie mir mißtraut, mein Carlchen, dann verstehe ich nicht, wie ich überhaupt etwas sagen soll.

CARL Du mußt ihr sagen, daß ich verzweifelt bin.

LYDIA Das kannst du doch wohl selbst besser sagen, mein Carlchen.

CARL Du bist eine Jubelidiotin, Lydia. Du mußt ihr klarmachen, daß ich mich mit dem Gedanken trage, Selbstmord zu begehen.

LYDIA *weint.*

Ist das wirklich wahr? Wir können auch arm zusammen leben. Ich will arbeiten –

CARL Idiotin. Schafskopf. Dämliches Stück. Es heißt, ich werde arbeiten.

LYDIA Was soll ich deiner Meinung nach sagen, mein Carlchen?

CARL Hast du keine Phantasie? Dummkopf. Sag, daß du

gesehen hast, daß ich unglücklich bin. Daß ich aufgehört habe zu essen. Daß ich nachts wachliege.

LYDIA Du liegst tatsächlich wach, sogar schlaflos.

CARL Teufel noch mal, natürlich bin ich schlaflos. Sag, daß ich so still geworden bin. Daß ich nie lache. Daß es schrecklich klingt, wenn ich lache, begreifst du? Ein Gespräch unter Frauen. Du sagst es nicht direkt, aber läßt ahnen, daß ich von Selbstmord gesprochen habe.

LYDIA Du darfst dieses schreckliche Wort nicht sagen. Dann fange ich sofort an zu weinen, mein Carlchen.

CARL Dumme Pute.

LYDIA Denkst du an Selbstmord, mein Schatz?

CARL Nur wenn ich dich sehe.

LYDIA Warum bist du so böse?

CARL Geh doch nicht, verdammt noch mal.
*Faucht.*
Wohin willst du gehen?

LYDIA Ich spreche NICHT mit deiner Mutter. Ich gehe nach Hause. Du bist böse, böse. Ich muß weinen. Du verstehst nicht, daß ich dich liebe. Jetzt weine ich, und das wird so schnell nicht vergehen.

CARL Oh Herr, mein Schöpfer! Warum muß ich immerzu in dieser miserablen Farce mitspielen? Lydia! Lauf nicht weg! Warte!

Lydia streckt die Arme über den Kopf, weint laut und stolpert über ihren Rock. Carl zerrt und reißt an ihr, um sie zum Bleiben zu bewegen, aber das mißlingt ihm, und er fällt kopfüber hin. Lydia läßt einen kleinen Schrei hören und ist sofort an seiner Seite, hilft ihm auf die Beine und bürstet ihn ab. Bald verschwinden sie hinter der Fliederhecke.

Helena dreht sich um. Jenny steht im Zimmer, mit bloßen Beinen und Armen, hellhaarig, braungebrannt und rund.

Sie trägt ein ausgeblichenes geblümtes Nachthemd und betrachtet aufmerksam ihre Großmutter, hält irgend etwas hinter dem Rücken.

HELENA Solltest du nicht schon längst im Bett sein?
JENNY Ich bin ausgerückt.
HELENA Was glaubst du, wird deine Mama dazu sagen?
JENNY Sie kriegt es nicht raus. Wenn du nicht petzt, natürlich.
HELENA Was willst du von deiner alten Großmutter?

Jenny geht einen Schritt nach vorn, noch einen Schritt, legt einen Halm mit wilden Erdbeeren vor Frau Helena, lächelt und entfernt sich laufend.

## 8

Die Mutter liegt auf Amandas Bett. Sie hat den Mantel nicht ausgezogen. Alexander hat sich an ihrer Seite zusammengerollt, den Kopf gegen ihren Arm gestützt. Fanny sitzt am Fußende, und Amanda hat an der Tür zum Korridor eine strategische Position eingenommen. Langes Schweigen. Es wird rasch dunkel. Jetzt sind die Schritte des Bischofs zu hören. Er macht die Tür auf, ohne anzuklopfen; bleibt auf der Schwelle stehen.

VERGERUS Willkommen daheim, Emilie. Du bist lange weggeblieben.
*Pause.*
Wir haben schon angefangen, unruhig zu werden.
*Pause.*
Frau Tander läßt fragen, ob du etwas zu essen haben willst.
EMILIE Ich habe keinen Hunger.
VERGERUS Dann werde ich ihr das sagen.

*Pause.*
Kommst du bald, um schlafen zu gehen?
*Pause.*
Es ist spät.

EMILIE Ich komme, wenn die Kinder eingeschlafen sind.

VERGERUS Ich gehe so lange in die Bibliothek und lese. Bitte bleib nicht zu lange.
*Pause.*
Gute Nacht, Kinder. Wir hatten uns eigentlich darauf geeinigt, daß Alexander heute nacht auf dem Boden schläft, aber wie ich sehe, ist der Beschluß geändert worden.

EMILIE Ja.
*Pause.*
Er ist geändert worden.

VERGERUS Also bitte, bitte. Es ist vielleicht besser so. Gute Nacht, Fanny.

FANNY Gute Nacht, Onkel Edvard.

VERGERUS Gute Nacht, Amanda.

AMANDA Gute Nacht, Onkel Edvard.

VERGERUS Gute Nacht, Alexander.

Alexander antwortet nicht.

VERGERUS Schläft er?

ALEXANDER Nein, ich schlafe nicht.

VERGERUS Dann kannst du mir auch antworten, wenn ich dir eine Gute Nacht wünsche.

ALEXANDER Das kann ich nicht.

VERGERUS Kann nicht?
*Lächelt.*
Was ist das für ein Unsinn, Alexander?

ALEXANDER Ich wünsche Ihnen keine Gute Nacht, Herr Bischof.

VERGERUS *lacht.*
Du hast Humor, Alexander, und das mag ich.

Er lacht noch mehr und macht die Tür zu. Die Schritte entfernen sich. Mutter und Kinder liegen still, jeder in seine Gedanken versunken.

Neben dem Lehnstuhl des Bischofs leuchtet eine einzige Lampe. Der gewaltige Raum ruht im Dunkel. Es ist Nacht. Edvard Vergerus liest eine kirchliche Zeitschrift. Mit einem Bleistift macht er sich am Rand Notizen. Er trägt eine goldgeränderte Brille und eine kurze Rauchjacke. Aus der Pfeife steigt eine schmale Rauchsäule. Die Beine hat er auf einen Hocker gelegt, der zum Lehnstuhl gehört.

Emilie sitzt an dem großen Tisch, der mit Büchern und Zeitschriften vollgestellt ist. Sie trägt noch immer den Mantel, der Hut ist irgendwo unterwegs verschwunden.

VERGERUS Hast du deine Schwiegermutter und deine Verwandten getroffen? War dein Besuch gelungen? Hat es geregnet? Hier hat es den ganzen Tag geregnet und gewittert. Na ja, schön, so ein bißchen Feuchtigkeit. Jedenfalls gut für die Bauern. Alexander und ich hatten am Nachmittag eine Auseinandersetzung. Die alte Geschichte. Es fällt ihm schwer, Phantasie und Wirklichkeit auseinanderzuhalten. Aber wir haben die Begriffe geklärt. Jedenfalls teilweise. Alexander ist nicht dumm. Er ist nicht dumm, aber nachtragend.
*Lacht.*
Alexander wünscht dem Herrn Bischof keine Gute Nacht. Das ist wirklich köstlich. Irgendwie schätze ich seinen Charakter. Er ist ganz einfach ein kleines Original. Du sagst nichts, Emilie?
*Pause.*
Bist du denn wegen irgendwas böse? Du hast absolut keinen Grund. Vielmehr hätte ich einen Grund, dir das eine oder andere vorzuwerfen.

EMILIE *nach einer Pause.*
Du bist nicht bei Trost.

VERGERUS *lächelnd.*

Ich muß zugeben, daß ich dich am wenigsten anziehend finde, wenn du dir Mühe gibst, vulgär zu sein. Wie gesagt, ich könnte mir vorstellen, nach diesem oder jenem zu fragen, aber ich suche keinen Streit, darum schweige ich.

EMILIE Du schließt die Kinder ein.

VERGERUS Eine Sicherheitsvorkehrung, Emilie. Ich wollte eine Garantie dafür haben, daß du zurückkommst.

EMILIE Du hast Alexander mißhandelt.

VERGERUS Du drückst dich so dramatisch aus, liebe Emilie. Ich habe ihn bestraft. Das ist meine Schuldigkeit als Erzieher. Außerdem war die Strafe im Verhältnis zu dem Verbrechen mild.

EMILIE Er blutet, und die Haut hängt in Fetzen.

VERGERUS Verzeih, daß ich dich unterbreche, meine Liebe. Ich habe ihm ein paar Hiebe gegeben. Das brennt ein paar Tage lang auf dem Schinken, aber es brennt gesund. Der junge Mann wird sich künftig einiges überlegen, bevor er sich neuer Lügen oder PHANTASIEN schuldig macht, wenn du es lieber so nennen möchtest.

EMILIE Und die Demütigung?

VERGERUS Gott beugt uns in der Strafe. Das mag demütigend erscheinen, ist aber notwendig. Außerdem, Emilie: Eine liebevolle Bestrafung kann in einem tieferen Sinn niemals demütigend sein. Liebe und Rücksicht haben nichts gemeinsam, und die Sprache der Liebe kann ziemlich streng sein.

EMILIE Du hast es nötig, von Liebe zu sprechen.

VERGERUS Du erlaubst dir, höhnisch zu sein.

*Pause.*

Wollen wir dieses Gespräch beenden und zu Bett gehen?

EMILIE Du hast ihn auf dem Boden eingeschlossen.

VERGERUS Selbstverständlich. Er mußte mal allein sein.

EMILIE Du weißt, daß er im Dunkeln Angst hat.

VERGERUS Die Nächte sind hell um diese Jahreszeit, und wenn man ein reines Gewissen hat, braucht man nichts zu fürchten.

EMILIE Ich könnte dich umbringen.

VERGERUS Du schadest dem Kind mit solchen Gedanken.

EMILIE Unser Kind wird nie geboren werden.

VERGERUS Sei vorsichtig mit dem, was du sagst, Emilie.
*Pause.*
Eine Mutter, die sich in krankhaftem Haß auf ihren Mann an ihrem Kind vergehen will. Was soll man mit einer solchen Mutter anfangen?
*Pause.*
Das Hospital, Emilie.

EMILIE Du jagst mir keine Angst ein.

VERGERUS Ich muß dir Angst einjagen. Aber ich tue es schweren Herzens, weil ich dich trotz allem liebe.

Er steht auf und geht zu ihr.

VERGERUS Du mußt endlich begreifen, daß du mir gehorchen mußt, daß du dich unterwerfen mußt, daß du deine Schuldigkeit als Gattin und Mutter erkennen mußt. Du bist nicht stark, Emilie, und die Schwangerschaft zehrt an deinen Kräften. Von jetzt an sollst du dich in einem Zimmer aufhalten, das wir dir auf die bequemste Art und Weise herrichten werden. Henrietta und meine Mutter werden sich in deiner Pflege ablösen. Deine Freiheit wird bis auf weiteres etwas begrenzt sein. Wir müssen sehr vorsichtig sein.
*Pause.*
Du mußt auch wissen, daß der geringste Versuch von deiner Seite, zu revoltieren oder dich mit der Außenwelt in Verbindung zu setzen, auf das Wohlbefinden deines Kindes Rückwirkungen haben wird. Du bist blaß vor Haß und Zorn, Emilie. Ich rate dir, ruhig und mutig

zu sein. Du hast in einer künstlichen Welt gelebt, eingeschnürt in künstliche Gefühle. Ich muß dich und deine Kinder lehren, in der Wirklichkeit zu leben. Es ist nicht meine Schuld, daß die Wirklichkeit eine Hölle ist. In dieser Welt, Emilie, in dieser Wirklichkeit ist Jesus Christus gefoltert und getötet worden.

*Pause.*

Durch deine Verantwortungslosigkeit hast du MICH gezwungen, die Verantwortung zu übernehmen, nicht nur für deine Kinder, sondern auch für dich. Sie ist schwer, und ich fühle eine furchtbare Einsamkeit.

Emilie unterdrückt einen Schrei.

VERGERUS *zärtlich.*

Ich bin ein gewöhnlicher Mensch mit großen Fehlern, aber ich verwalte ein mächtiges Amt. Das Amt ist immer größer als sein Inhaber. Der Mensch, der im Amt lebt, ist der Sklave seines Amtes. Er hat nicht das Recht auf eigene Meinungen. Er ist für seine Mitmenschen da, nur in seiner Unterwerfung ist er lebendig. Seine Sklaverei ist seine Freiheit. Ich liebe dich, Emilie, ich liebe dich mehr als irgendeinen anderen Menschen auf dieser Welt. Gott ist mein Zeuge. Aber du bedrohst mein Amt durch deine wahnwitzigen und gefährlichen Ausbruchsversuche und durch dein ständiges Gerede von Scheidung. All das muß gebrochen werden, Emilie. Du mußt lernen, dich demütig unter die Macht zu beugen, der wir beide dienen.

Emilie schreit. Edvard schlägt sie auf den Mund.

EMILIE Ich verfluche dich. Ich verfluche dein Kind, das ich trage. Ich werde es mit eigenen Händen herausreißen und werde es vernichten, so wie man ein gefährliches Tier vernichtet. Jeden Tag, jede Stunde werde ich deinen Tod wünschen, und ich werde mir eine Qual ausdenken, die entsetzlicher ist als alles, was sich ein normaler Mensch vorstellen kann.

VERGERUS Jetzt wandern wir durch das Tal der Tränen, Emilie. Wir wandern durch das Tal der Tränen und machen es reich an Quellen.

## Die Dämonen

### 1

An einem heißen Septembertag fährt ein Lastwagen in den Hof des bischöflichen Hauses. Neben dem Kutscher sitzt Isak Jacobi in Hut und Wintermantel. Auf der leeren Ladefläche liegen zwei junge Männer. Sie keuchen in der Hitze und trinken Bier. Der Jude befiehlt der Equipage zu warten, betritt das Haus und klopft an die Außentür. Fräulein Henrietta macht auf. Sie starrt den Besucher mit Abscheu an.

HENRIETTA Guten Tag, Herr Jacobi.

ISAK Guten Tag, Fräulein Vergerus. Ich hoffe, daß ich nicht –

HENRIETTA Worum geht es?

ISAK Ich wüßte gern, ob Seine Hochwürden, der Bischof –

HENRIETTA Er schreibt an einer Predigt und darf nicht gestört werden.

ISAK Dann ist es vielleicht möglich, die gnädige Frau zu sprechen.

HENRIETTA Die gnädige Frau ist unpäßlich und ruht auf ihrem Zimmer.

ISAK Und darf nicht gestört werden?

HENRIETTA Meine Mutter ist ausgegangen, und ich selbst habe keine Zeit.

ISAK Ich bin nicht so sicher, daß –

HENRIETTA Leider, Herr Jacobi.

ISAK Es ist möglich, daß Seine Hochwürden sehr verärgert wäre, wenn ich mein Anliegen nicht –

HENRIETTA Worum geht es?

ISAK Vor einigen Monaten, genau gesagt im November,

war Seine Hochwürden so freundlich, mir ein Geschäft vorzuschlagen.

HENRIETTA Tatsächlich? Daran kann ich mich nicht erinnern.

ISAK Natürlich nicht, Fräulein Vergerus. Seine Hochwürden verschont sicher seine nächsten Angehörigen mit so trivialen Kümmernissen.

HENRIETTA Was könnte mein Bruder für Kümmernisse haben, die Sie angehen könnten, Herr Jacobi?

ISAK Ach, Fräulein Vergerus, zwingen Sie mich nicht, vulgär zu werden.

HENRIETTA Sie sind ein unangenehmer Mensch, Herr Jacobi. Außerdem haben Sie einen anzüglichen und beleidigenden Tonfall. Ich habe weder Zeit noch Lust, mich auf ein Gespräch mit Ihnen einzulassen. Und damit ist es jetzt genug argumentiert. Leben Sie wohl, Herr Jacobi.

ISAK Geldverlegenheit.

HENRIETTA Verzeihung?

ISAK Ihr Bruder, Seine Hochwürden, der Bischof, befanden sich in Geldverlegenheit. Darf ich eintreten?

Henrietta öffnet die Tür ein wenig.

ISAK *tritt ein.*

Danke, sehr freundlich. Erlauben Sie mir, Ihnen wegen Ihres Kleides ein Kompliment zu machen, Fräulein Vergerus? Das ist kein billiger Stoff. Ganz sicher aus Paris.

HENRIETTA Was haben Sie für Geschäfte mit meinem Bruder, Herr Jacobi?

ISAK Darf ich mich setzen?

HENRIETTA Setzen Sie sich dorthin. Nein, nicht dort. Da.

ISAK Auf irgendeine eigentümliche Weise, ich weiß nicht warum, schätze ich Ihre Aufrichtigkeit.

HENRIETTA Und ich schätze Ihre einschmeichelnde Art

nicht, Herr Jacobi. Was für Geschäfte haben Sie also mit meinem Bruder?

ISAK Überhaupt keine Geschäfte, soviel ich weiß.

HENRIETTA Jetzt habe ich Ihre Rätsel ziemlich satt. Sagen Sie mir, was Sie auf dem Herzen haben und verschwinden Sie!

ISAK Erst muß ich mit Hochwürden sprechen.

HENRIETTA Er hat mir verboten, ihn zu stören.

ISAK Wenn Sie die Freundlichkeit hätten, mir den Weg zu zeigen, nehme ich das Stören selbst auf mich.

*Lächelt, flüstert.*

Es geht um Geld, Fräulein Vergerus. Viel Geld.

HENRIETTA Ist Ihnen mein Bruder Geld schuldig?

ISAK *entsetzt.*

Im Gegenteil, liebes Kind. Im Gegenteil. Die Sache verhält sich nämlich so, Fräulein Vergerus. Im November wollte Seine Hochwürden Geld leihen. Bedauerlicherweise hat der Jude bestimmte Grundsätze, beispielsweise den, Priestern niemals Geld zu leihen. Das kann riskant sein, auf längere Sicht, sozusagen. Da bot mir der Herr Bischof einen Kauf an. Ich sollte eine vornehme Truhe und einen sehr schönen Schrank zu einem angemessenen Preis kaufen können. Ich lehnte ab.

HENRIETTA Ach so. Aha. Sie haben das Geschäft abgelehnt.

ISAK Ich habe dummerweise abgelehnt, und hinterher bereut. Ich könnte mir nichts Besseres wünschen, als diese Möbel kaufen zu können. Für fast jeden Preis.

*Flüstert*

Fast.

HENRIETTA *nach einer ordentlichen Pause.*

Ich hole meinen Bruder.

Sie entfernt sich. Isak Jacobi springt vom Stuhl auf und schleicht eilig und auf knarrenden Galoschen durch etliche Zimmer, kommt in den langen, mit Steinplatten belegten Korridor hinaus, prüft eine Tür nach der anderen, findet eine, die verschlossen ist, wühlt in seiner Manteltasche, zieht ein Schlüsselbund mit eigentümlich geformten Schlüsseln heraus. Jetzt hört man weit weg im Haus die Stimme des Bischofs. »Ich habe dir doch verboten, mich zu stören.« Henrietta murmelt etwas, und der Bischof erwidert: »Ach so, ja, natürlich. Er beißt sich fest wie Ungeziefer.« Isak prüft den Schlüssel im Schloß, das fast augenblicklich nachgibt. Im Zimmer stehen Amanda, Fanny und Alexander und sehen entsetzt Isak an, der es jetzt sehr eilig hat.

ISAK Bleibt, wo ihr seid. Ich komme und hole euch in einigen Minuten. Zieht euch die Schuhe aus.

Er zieht die Tür zu und rennt durch die Zimmer zurück zu dem Stuhl im Hausflur. Der Bischof betrachtet ihn mit dunklen Blicken. Hinter seinem Rücken sieht man Fräulein Henrietta.

ISAK Verzeihen Sie mir. Das bedauerliche Ungemach eines alten Mannes. Verzeihen Sie mir. Guten Tag, Hochwürden.

VERGERUS Sie wollen die Truhe und den Schrank kaufen?

ISAK Genauso ist es.

VERGERUS Und was bezahlen Sie?

ISAK *zieht einen Vertrag aus der Tasche.*
Das steht hier auf dem Papier.

VERGERUS *liest.*
Sie müssen Ihre Meinung beträchtlich geändert haben.

ISAK Ich habe vielleicht einen interessierten Käufer.

VERGERUS Die Summe ist zu klein.

ISAK In dem Fall muß ich bedauern.
*Macht Anstalten zu gehen.*
Leben Sie wohl, Hochwürden. Leben Sie wohl, Fräulein Vergerus.

VERGERUS Sie führen irgendwas im Schilde. Leute wie Sie führen immer irgendwas im Schilde.

ISAK Leben Sie wohl. Ich bitte tausendmal um Entschuldigung.

VERGERUS Die Möbel sind mindestens das Doppelte wert.

ISAK Davon bin ich überzeugt, Hochwürden. Das Bedauerliche ist nur, daß ein armer Antiquitätenhändler vom Lande nicht die richtige Summe anbieten kann.

VERGERUS Ich werde hereingelegt.

ISAK Niemand hindert Sie daran, Hochwürden, nein zu sagen. In dem Fall werden Sie nicht hereingelegt. Ich danke für das Gespräch und ziehe mich zurück. Ich hoffe, ich habe nicht allzu lange gestört.

VERGERUS Haben Sie das Geld bei sich?

ISAK Das Geld? Ach so, das Geld – die Kaufsumme. Selbstverständlich, Hochwürden! Die Summe, die auf dem Papier steht, befindet sich in meiner Brusttasche. Hier sind die großen Scheine.

VERGERUS Geben Sie mir das Geld, Herr Jacobi.

ISAK Natürlich. Sofort. Wenn ich Ihren geschätzten Namen, Hochwürden, hier auf den Vertrag bekommen könnte. Nicht wahr?
*Übergibt das Geld.*

VERGERUS Wird geschehen, Herr Jacobi. Wird geschehen.

Er entfernt sich, wobei er den Vertrag liest. Die Tür wird geschlossen.

ISAK Findet es Ihren Beifall, mein sehr verehrtes Fräulein Vergerus, daß wir sofort zur Tat schreiten? Kann ich meine Leute bitten, heraufzukommen und die Gegenstände abzuholen?

HENRIETTA *zuckt die Achseln.* Meinetwegen.

Isak eilt zum Fenster und ruft die Männer, die sofort seiner Aufforderung Folge leisten. Fräulein Henrietta steht einige Augenblicke mit dem Zeigefinger gegen die Lippen gedrückt da und betrachtet den sich verbeugenden Isak.

HENRIETTA Sie entschuldigen, wenn ich mich entferne?

ISAK Ich werde Sie vermissen, Fräulein Vergerus.

HENRIETTA Ich setze voraus, daß Sie nichts anderes mitnehmen als das, was Ihnen zusteht.

ISAK *lächelt.*
Ein Verdacht fällt auf den zurück, der ihn hegt.

Henrietta will antworten, beherrscht sich aber und schwebt aus dem Zimmer, geht durchs Eßzimmer in den Salon, ist plötzlich verschwunden. Isak Jacobi stürzt in den mit Steinplatten belegten Korridor hinaus, reißt die Tür zum Zimmer der Kinder auf und gibt ihnen ein Zeichen, sich zu beeilen. Sie stehen mit den Schuhen in den Händen vom Fußboden auf, starren unsicher.

ISAK *flüstert.*
Beeilt euch. Das hier muß schnell gehen!

Er nimmt Amanda bei der Hand und zieht sie mit sich. Die übrigen folgen. Jetzt stehen sie im Festsaal des bischöflichen Hauses. Isak öffnet eine gewaltige Holztruhe und flüstert den Kindern zu, sie sollten hineinklettern. Im selben Augenblick geht die Tür auf, und der Bischof tritt ein. Isak macht die Truhe zu, und die Kinder sind in Verwahrung.

ISAK Ich verstehe, daß Sie sich vergewissern wollen, Hochwürden, daß ich nichts anderes forttrage als das, was mir zusteht.
*Öffnet den Deckel der Truhe.*
Bitte sehr.

VERGERUS Oh, ich bitte Sie. Ich wollte nur den unterschriebenen Kaufvertrag zurückgeben.

Isak klappt den Truhendeckel zu und setzt sich. Die drei Männer haben damit begonnen, den Schrank aus dem Zimmer zu wuchten, nachdem sie die Türen ausgehakt und das Oberteil abgehoben haben. Der Bischof hat seinen Morgenrock um die Beine gewickelt und setzt sich neben Isak. Er lächelt liebenswürdig. Isak Jacobi erwidert das Lächeln.

VERGERUS Was sagen Sie zu dem Gemälde da hinten?
ISAK Ein echter van Meertens, soviel ich sehen kann.
VERGERUS Würde er Sie interessieren?
ISAK Eine außerordentlich schöne Arbeit. Bedauerlicherweise bin ich kein Kunsthändler.
VERGERUS Ein guter Preis?
ISAK Meine Mittel sind im Augenblick ein wenig angestrengt. Wie steht es mit Ihrer Frau Gemahlin?
VERGERUS Danke für die freundliche Nachfrage. Meine Frau ist unpäßlich. Die plötzliche Hitze bekommt ihr übel.
ISAK Es ist nicht möglich, persönlich etwas vorzubringen?
VERGERUS Ich bedaure.
ISAK Verstehe. Hier ist ein Brief von der alten Frau Ekdahl an Ihre Gattin.
VERGERUS Ich werde ihn übergeben.
ISAK Das ist zu liebenswürdig.
VERGERUS Du verfluchtes Judenschwein.
*Packt Isak am Kragen.*
Du mieses, verfluchtes, widerwärtiges Judenschwein. Du hast geglaubt, du könntest mich reinlegen. Das hier wirst du bis auf die Knochen bereuen, du widerwärtiges, krummnasiges Stinktier.

Er hebt Isak Jacobi mit ansehnlicher Kraft von der Truhe hoch und wirft ihn zu Boden. Dann erhebt er sich und reißt den Truhendeckel auf. Starrt in die Truhe. Sie ist leer. Er rennt den Trägern nach, um sie aufzuhalten. Der

Schrank gähnt leer und türlos. Isak Jacobi sitzt auf dem Fußboden und ist mit seiner Brille beschäftigt, die im Fallen kaputtgegangen ist. Eine Tür des angrenzenden Zimmers geht auf und Frau Blenda erscheint. Weiter weg, von der untergehenden Sonne stark beleuchtet, wälzt sich die unförmige Ellen Bergius zwischen ihren Kissen.

ELLEN BERGIUS *kreischt.*
Was geht hier vor? Was geht hier vor? Was geht hier vor?
FRAU BLENDA Was geht hier vor?
VERGERUS *rasend.*
Dieses Schwein da hat versucht, meine Kinder zu stehlen.
HENRIETTA Das ist nicht möglich. Ich habe den Schlüssel zum Kinderzimmer.

Der Bischof reißt die Tür zum Kinderzimmer auf. Amanda, Fanny und Alexander liegen zusammengekauert auf dem Fußboden, wie schlafend. Ihre Gesichter sind im Licht der untergehenden Sonne bleich. Der Bischof beugt sich über sie, sie sind vielleicht tot. Er hebt die Hand, um Alexanders Stirn zu berühren.

EMILIE Rühr sie nicht an!

Sie steht hinten an der Treppe, schwer von der fortgeschrittenen Schwangerschaft, verschwitzt und ungepflegt, in einem fleckigen Morgenmantel. Das Haar hängt lose um das eingefallene Gesicht, die Lippen sind zerbissen und blutig, aber der Blick ist ruhig und kalt. – Eine alternde Ophelia, die unglücklicherweise darauf verzichtet hat, am Wasserlauf Blumen zu pflücken.

EMILIE Wenn du sie anrührst, töte ich dich.

Isak Jacobi ist aufgestanden. Er bürstet seinen schwarzen Rock ab, macht beruhigende Gesten. Die drei Männer tragen den Schrank hinaus. Der Bischof schließt die

Hände, ballt sie und geht in sein Arbeitszimmer, schließt die Tür ab. Frau Blenda füttert die grunzende Ellen Bergius. Henrietta Vergerus macht den Deckel der Truhe einen Spaltbreit auf. Die Truhe ist noch immer leer. Henrietta sinkt auf einen Stuhl, stützt den Arm auf die Rückenlehne und betrachtet Emilie mit bösen Blicken. Der alte Jude lächelt abwesend, sieht aber ein bißchen müde aus. Er taumelt zu Emilie hin, stützt sich an der Wand ab und probiert seine zertrümmerte Brille aus. Die drei Männer fangen an, die Truhe hinauszutragen. Sie ist schwer.

## 2

Die Männer entfernen sich, nachdem sie die Truhe in einen dunklen, unaufgeräumten und unordentlichen Raum hinter dem Laden getragen haben. Isak Jacobi zieht die löchrigen Rollgardinen herunter, schließt die Außentür und macht den Deckel auf. Die Kinder kriechen heraus, schmutzig und durcheinandergeschüttelt, aber wohlbehalten. Der Jude legt den Finger auf den Mund und gibt ihnen ein Zeichen, ihm die Wendeltreppe hinauf zu folgen, die sich durch zwei Stockwerke schlängelt, die mit allen nur denkbaren Gegenständen aus aller Welt angefüllt sind.

Die Treppe endet in einem engen Flur, der zu einem dunklen und verfallenen Eßzimmer führt, das mit uralten Möbelstücken vollgestellt ist. Der Tisch ist gedeckt, und die Kandelaber angezündet. Ein junger Mann Anfang Zwanzig mit blassem Gesicht und sanften Blicken begrüßt sie schweigend.

ISAK Asiriel, mein Neffe.

Asiriel verneigt sich höfisch und eilt in die Küche, wo er eine große Terrine mit dampfender Fleischsuppe holt. Alle setzen sich zu Tisch. Isak Jacobi verteilt das Brot und gießt die Suppe ein. Niemand bricht das Schweigen. Eine Sommerfliege summt an dem schmutzigen Fenster. Irgendwo, sehr weit weg, ist eine Männerstimme zu hören, die einen eintönigen Gesang mit ungewohnten Tonfolgen summt.

ALEXANDER Kann der Bischof uns zurückholen?
ISAK *schüttelt den Kopf.*
In einigen Tagen wird er mit eurem Onkel verhandeln. Im Augenblick besteht keine Gefahr.
FANNY Ich habe Sehnsucht nach Mama.
ISAK *streicht über ihr Haar.*
Geduld, Fräulein Ekdahl, Geduld.
AMANDA Wie lange können wir bleiben?
ISAK Das ganze Leben kaum.
ALEXANDER Ich würde gern schlafen.
ISAK Unsere Gäste sind müde, Asiriel! Hast du die Kammer aufgeräumt und die Betten gemacht? Hast du ordentlich gelüftet und Blumen reingestellt?
ASIRIEL Ich habe alles so ausgeführt, wie du es angeordnet hast, Onkel.

Sie stehen vom Tisch auf und gehen durch einen langen dunklen Korridor, der sich ins Haus hinein zu erstrecken scheint.

ISAK Hat Ismael gegessen?
ASIRIEL Er hat sein Essen um drei Uhr bekommen.
ISAK Hinter dieser Tür wohnt mein zweiter Neffe, Ismael. Er ist krank. Darum muß er eingeschlossen sein. Darum muß diese Tür immer verschlossen bleiben. Vergiß das nicht Alexander. Vergeßt es nicht, Fanny und Amanda.

Die Kinder nicken, still und verstimmt. Isak gibt Amanda einen Klaps auf die Wange und nickt ernst.

ISAK Manchmal singt er. Auch nachts. Man muß sich aber nichts daraus machen. Ihr werdet euch daran gewöhnen.

Er gibt ihnen ein Zeichen, und sie gehen weiter durch den langen Gang, der in einen großen Raum mündet, in dem sich außer zehn Stühlen, die in zwei Reihen auf einem zerschlissenen persischen Teppich stehen, keine weiteren Möbel befinden.

An der kurzen Wand erhebt sich ein Marionettentheater. Überall, drinnen auf der Bühne und entlang den Wänden hängen Puppen mit buntscheckigen Kostümen. Sie betrachten die Eintretenden mit dunklen, unverwandten Blicken aus geheimnisvoll bleichen Gesichtern. Das dünne Tageslicht, das durch die halb vorgezogenen Gardinen eindringt, gibt ihren Körpern und Gliedern, ihren Gesichtszügen und Gesten etwas Machtvolles, unabweislich Befehlendes.

ISAK Asiriels Puppentheater. Wenn ihr ihn hübsch bittet, wird er sicher an irgendeinem Abend eine Vorstellung geben.

Sie passieren einen roten Salon mit roten Tapeten, rotem Teppich und roten Sofas und Sesseln, schweren Gardinen. An der stuckverzierten Decke hängt ein umfangreicher, in Tüll eingehüllter Kristalleuchter. Hinter dem Salon breitet sich ein chinesisches Kabinett mit Reistapeten, schwarzlackierten Möbeln und kleinen Statuetten aus. Alles ist abgewetzt, staubig und ausgeblichen, gleichsam sterbend. Asiriel öffnet eine schwarzgemalte Tapetentür zu einer kleinen Kammer mit breiten Fußbodendielen, einem hohen Fenster, durch das man einen herbstlichen Baum sieht, zwei schmale Betten mit üppigen weißen Decken und Kissen, hellen gemusterten Tapeten, Spitzengardinen und zahllosen sehr kleinen Bildern an den Wänden. In einer Ecke steht hinter einem Paravent mit gebrochenen Scharnieren ein Waschtisch. Drei weiße Stühle und ein klappriger Holztisch vervollständigen die Einrichtung. Eine hohe Spirituslampe bewacht den Tisch und die auf dem Fußboden liegenden Flickenteppiche. Es riecht frisch gescheuert. Das Fenster steht offen, und auf einem kleinen Sekretär steht eine Schale mit Äpfeln und verbreitet einen guten Duft.

ISAK Dies wird für die nächste Zeit euer Zuhause. Ich hoffe, ihr fühlt euch wohl. Nachts schließt ihr eure Tür von innen zu und macht keinem Menschen auf. Legt euch jetzt schlafen. Asiriel hilft euch, das Fenster zu schließen. Wenn ihr etwas wollt, ruft in diese Röhre. Erst pfeift ihr, und dann sprecht ihr mit deutlicher Stimme. Es lohnt sich nicht zu schreien. Dann hört man nicht, was ihr sagt. Gute Nacht, Amanda. Gute Nacht, Fanny. Gute Nacht, Alexander. Vergeßt nicht euer Nachtgebet.

ALEXANDER Geh nicht weg!

ISAK Du willst, daß ich eine Weile bleibe?

ALEXANDER Ja, bitte.

ISAK Dann setze ich mich hier auf den Stuhl.

ASIRIEL Ich gehe und sehe nach Ismael. Gute Nacht.

DIE KINDER Gute Nacht.

ASIRIEL Asiriel. Ich heiße Asiriel. Mein Bruder heißt Ismael. Unsere Eltern starben, als wir Kinder waren.

Er lächelt höflich und verschwindet lautlos. Die Kinder haben sich auf eines der Betten gesetzt; sie sitzen dort wie drei zerrupfte und vom Fliegen müde kleine Vögel, die ihren nächtlichen Ast aus den Augen verloren haben. Isak betrachtet sie lange.

ISAK Nun? Sind es Fanny und Amanda, die sich zusammenschließen und Geheimnisse haben, weil Alexander ein Junge ist? Oder sind es Alexander und Fanny, die die gleichen Spiele spielen und finden, daß Amanda nichts weiter im Kopf hat als ihren Tanz? Oder ist es vielleicht sogar so, daß Alexander und Amanda Fanny noch immer für ein kleines Kind halten? Wie sieht es nun aus?

ALEXANDER Wir halten zusammen. Alle drei.

ISAK Das läßt sich hören.

FANNY Amanda will im Opernballett anfangen.

AMANDA Unser Stiefvater will mir verbieten zu tanzen.

ALEXANDER Das kann er nicht, weil Großmutter bestimmt hat, daß Amanda tanzen wird.

FANNY Wenn Großmutter irgendwas bestimmt, dann ist es eben bestimmt.

ALEXANDER Man kann ihr Tanzen manchmal ziemlich satt kriegen, aber wir finden es traurig, daß sie trotzdem reist. Seitdem Papa starb –

ISAK *nach einer Pause.*
– Na, was denn?

ALEXANDER – Nichts.

AMANDA Man kann sich auf erwachsene Menschen nicht verlassen.

FANNY Die sind nicht ganz richtig.

AMANDA Mama muß verrückt sein.

Die Kinder verstummen plötzlich. Sie sind müde, unsicher und niedergeschlagen. Isak will die Stille nicht stören. Er zündet seine Pfeife an und zieht ein kleines, aber dickes Buch aus seiner kaputten Jackentasche. Die Blätter des Buches sind sehr dünn und mit einer fremden Schrift dicht bedruckt.

ALEXANDER *höflich.*
Was ist das für ein Buch?

ISAK *sieht auf.*

Das ist ein Buch mit Erzählungen, Gedanken, weisen Worten und Gebeten. Es ist auf hebräisch geschrieben.

FANNY Kannst du diese Sprache verstehen, Onkel Isak?

ISAK *nickt.*

Wollt ihr, daß ich irgendwas vorlese?

ALEXANDER Onkel Isak!

ISAK Ja.

ALEXANDER Ist es ganz sicher, daß Seine Hochwürden uns nicht abholen kann?

ISAK Du kannst ganz ruhig sein, Alexander.

FANNY Dann lies doch!

ISAK Es wird vielleicht ein bißchen abgehackt, weil ich übersetzen muß.

*Er blättert, räuspert sich, beginnt zu lesen.*

»Du reist auf einer unendlichen Landstraße zusammen mit vielen anderen Menschen. Von großen Pferden gezogene Wagen stürmen vorbei und drängen die Wanderer und die Viehherden an den Straßenrand oder in die tiefen Gräben. Die Straße führt über eine steinige Ebene, auf der nichts wächst. Das Feuer der Sonne brennt von morgens bis abends, nirgendwo findest du Kühlung oder Schatten. Es bläst ein peinigender Wind, der zusammen mit den vielen Menschen, den Wagen und dem Vieh gewaltige Staubwolken aufreißt, die dir Mund, Augen und Hals verstopfen. Du wirst von einer unbegreiflichen Unruhe vorwärts getrieben und von brennendem Durst gequält. Manchmal fragst du dich, oder jemanden deiner Mitreisenden, nach dem Ziel eurer Wanderung, aber die Antwort ist unsicher und zögernd.

*Pause.*

Plötzlich stehst du in einem Wald. Es ist dunkel und still, vielleicht hörst du irgendein schläfriges Vogelpiepen, vielleicht hörst du das Raunen des Sonnenuntergangswinds in den hohen Bäumen. Du stehst erstaunt da, erfüllt von deiner Unruhe und deinem Mißtrauen. Du bist allein. Du bist allein und hörst nichts, weil deine Ohren vom Staub der Landstraße verstopft sind. Deine Augen sehen nichts, weil sie von dem unbarmherzigen Licht des Tages entzündet sind. Dein Mund und dein Rachen sind von der langen Wanderung ausgedörrt, und deine rissigen Lippen sind um Verwünschungen und harte Wörter herumgepreßt.

*Pause.*

Darum hörst du nicht das Brausen des strömenden Wassers, darum merkst du nicht das Glitzern in der Dämmerung. Du bist geblendet am Rande der Quelle und weißt nicht, daß es sie gibt. Wie ein Schlafwandler suchst du deinen Weg zwischen den Wasserspiegeln hindurch. Deine blinde Geschicklichkeit ist verwunderlich, und bald bist du zurück auf der lärmenden Landstraße, in dem brennenden, schattenlosen Licht, unter den schreienden Kreaturen, den vorwärtsstürmenden Wagen und den verbitterten Menschen.

Mit erstaunter Miene sagst du zu dir selbst: Hier auf der Landstraße fühle ich mich sicher. Im Wald war ich mir selbst überlassen, im Wald war es schrecklich und einsam.

*Pause.*

Aber der Abend spiegelt sein klares Auge in der Dämmerung des Waldes. Das Wasser rauscht unermüdlich, es strömt durch die Wälder, wird zu Bächen, zum Fluß und zum tiefen See.

»Woher kommt denn all dieses Wasser?« fragt der Jüngling. »Es kommt von einem hohen Berg, dessen Scheitel von einer mächtigen Wolke bedeckt ist.« – »Was denn für eine Wolke?« fragt der Jüngling. Der Alte antwortet: »Jeder Mensch trägt Hoffnungen, Furcht, Sehnsucht, jeder Mensch schreit seine Verzweiflung hinaus, manche beten zu einem bestimmten Gott, andere richten ihre Rufe in die Leere. Diese Verzweiflung, diese Hoffnung, dieser Traum von Erlösung, alle diese Rufe sammeln sich während Tausenden und Tausenden von Jahren an, alle diese Tränen, alle diese Opfer, all diese Sehnsucht, sie sammeln sich und verdichten sich zu einer unermeßlichen Wolke um einen hohen Berg. Aus der Wolke strömt der Regen über den Berg hinab. So bilden sich die Bäche, die Wasserläufe und die Flüsse, so bilden sich die tiefen Quellen, an denen du dich satt trinken kannst, in denen du dein Gesicht waschen kannst, in denen du deine wunden Füße kühlen kannst. Alle Menschen haben irgendwann einmal von den Quellen und dem Berg und der Wolke reden hören, aber die meisten bleiben auf der staubigen Landstraße, aus Furcht, vor Einbruch des Abends nicht zu irgendeinem unbekannten Ziel zu gelangen.«

## 3

Einige Tage später werden zwischen dem Bischof und Emilies ehemaligen Schwagern diplomatische Verhandlungen eingeleitet. Verhandlungsort ist die Bibliothek des bischöflichen Hauses. Edvard Vergerus trägt Priesterrock und Goldkreuz. Die Brüder haben sich in Tagesanzüge gewandet. Die Bewirtung besteht aus trockenem Sherry und Plätzchen. Das herbstliche Sonnenlicht bohrt sich durch die staubige Dämmerung, trifft die Gesichter der Männer und macht sie wachsbleich.

VERGERUS Wollen wir uns nicht setzen? Bitte sehr, bester Bruder Carl, ich empfehle den Sessel, und Gustav Adolf setzt sich am besten aufs Sofa. Darf ich mir erlauben, euch noch mit einem Tropfen Sherry in Versuchung zu bringen? Aha, dann nicht. Ein Mandelsplitter, die besondere Spezialität meiner Schwester? Auch das nicht. Ich setze mich hier auf meinen alten Lehnstuhl. Der hat mich seit meiner ersten Zeit als Hilfsprediger in der Gemeinde Amsberg im südlichen Dalarna begleitet.

Der Bischof hat nichts mehr zu sagen. Die Besucher schweigen. Die Staubkörner wirbeln in den Sonnenstrahlen. Eine fette schwarze Katze wandert gemächlich über den Teppich, der Schwanz steht senkrecht hoch und schlängelt sich wie eine Schlange. Die Herren betrachten die Katze.

VERGERUS Ich will, daß die Kinder zurückkommen. Die Stadt ist klein. Das Getratsche ist bald in vollem Gang.

Es wird wieder still. Die Brüder wechseln Blicke. Als Carl Ekdahl das Wort ergreift, ist er äußerst gesammelt. Gustav Adolf flicht in seine Rede in regelmäßigen Abständen ein kurzes Kopfnicken ein. Die schwarze Katze ist auf den Bibliothekstisch gesprungen und hat sich in einem Sonnenfleck zurechtgelegt. Der Kater betrachtet das Treffen mit weit offenen gelben Augen und nach vorn gelegten Ohren; der Schwanz bewegt sich langsam. Aus dem Magen ist ein kräftiges Schnurren zu hören.

CARL Ich fürchte, du hast den Anlaß unseres Besuches mißverstanden, lieber Bruder. Wir sind hier, um dich im eigenen und im Namen der Familie dazu zu bewegen, Emilie und die Kinder freizugeben. Wir können nicht von uns behaupten, mit Sicherheit zu wissen, was vorgefallen ist. Wir wissen nur, daß unsere liebe Emilie äußerst unglücklich ist und daß die Kinder sich im bischöflichen Haus nicht wohl fühlen.

GUSTAV ADOLF Der Familie ist selbstverständlich bewußt, daß eine Scheidung für einen hochgestellten Diener der

Kirche ein schmerzlicher Schritt ist, und wir wollen dich für den schweren Verlust gern auf irgendeine geeignete Weise entschädigen. Ich habe mit meiner Mutter ein Vorgespräch geführt, und wir erklären uns bereit, eine ansehnliche Geldsumme zur Verfügung zu stellen. Eine Summe, die du selbstverständlich für einen wohltätigen Zweck, eine Stiftung oder irgendeinen anderen Zweck, der dir am Herzen liegt, verwenden kannst. Wir sind uns mit dir darin einig, lieber Bruder, daß alles mit größter Diskretion gehandhabt werden muß, und meine Mutter hat sich bereit erklärt, mit Emilie eine Reise nach Italien zu machen und mindestens ein Jahr wegzubleiben.

VERGERUS Laßt mich zunächst sagen, daß ich den Respekt und die Großzügigkeit wohl zu würdigen weiß, welche die Familie Ekdahl mir in meiner schweren Stunde zu erweisen bereit ist. Zugleich ist es äußerst schmerzlich für mich, aber auch notwendig, im Klartext zu sprechen. Die Kinder sind von zu Hause weggelaufen. Sie müssen unbedingt und ohne Verzögerung ihren gesetzlichen Eltern zurückgegeben werden. Jeder Verzug wird uns allen, nicht zuletzt ihrer Mutter, unsägliches Leiden bereiten. Nach Rückgabe der Kinder bin ich bereit, eventuellen Vorschlägen von seiten der Familie Ekdahl zuzuhören. Um einen weiteren Zeitverlust und weitere Mißverständnisse zu vermeiden, möchte ich dennoch hervorheben, daß eine Scheidung außerhalb jeder möglichen Diskussion liegt.

CARL Ich bin dir für deine präzise und unzweideutige Stellungnahme sehr dankbar, geschätzter Bruder. Gleichzeitig bin ich gezwungen, dir mitzuteilen, daß die Kinder niemals in das bischöfliche Haus zurückgebracht werden, um dort Belastungen ausgesetzt zu werden, wie es bisher der Fall gewesen ist. Ich sollte vielleicht noch hinzufügen, daß die Familie Ekdahl in diesem Punkt völlig einer Meinung ist. Die Sache steht also nicht zur Verhandlung. Die drei Kinder sind in unsere Familie hineingeboren worden, und wir halten uns für ihr Wohlbefinden und ihre weitere Entwicklung verantwortlich.

VERGERUS Es schmerzt mich, daß die Familie Ekdahl mir etwas diktieren will. Besonders im Hinblick darauf, daß ich als Stiefvater der Kinder das Gesetz auf meiner Seite habe. Außerdem habe ich als Amtsträger der Kirche das moralische Übergewicht.

GUSTAV ADOLF *lacht.*

Aber wir haben die Kinder, lieber Bruder.

VERGERUS Es freut mich, daß du in dieser peinlichen Angelegenheit eine Möglichkeit zu einem Lächeln findest. Ein juristisches und polizeiliches Vorgehen wird vielleicht trotz allem unvermeidlich sein.

GUSTAV ADOLF Das bezweifle ich, lieber Edvard. Du scheißt dir lieber in die Hosen, als die Schmach auf dich zu nehmen, daß die alten Weiber in deiner Gemeinde plötzlich zwischen ihren falschen Zähnen zu pfeifen anfangen. Es ist möglich, daß du die Moral und das Recht auf deiner Seite hast, mein Alter. Aber du mußt damit rechnen, daß ich mit der Unmoral im Bunde stehe. Und selbst wenn es dir zufällig gelingt, vor Gericht einen Sieg einzustreichen, haben wir, die wir für die Unmoral stehen, zuvor so viele unglaubliche Gerüchte über deinen Lebenswandel und dein Haus und deine Schwester und deine Mägde und deinen Verstand und deine sexuellen Ausschweifungen und deine falschen Haare und deine Heuchelei und deine Hypochondrie und deinen Mangel an Anständigkeit zusammengekocht, daß du für alle Zukunft gezwungen sein wirst, dir eine Dienststelle unter Heiden und Eskimos zu suchen. Dies sage ich nicht, um dich zu erschrecken, mein geschätzter Bruder. Ich sage es nur, damit wir beim Spiel alle Karten auf dem Tisch haben. Laß mich jetzt hören, daß du zur Vernunft gekommen bist, das heißt natürlich, vorausgesetzt, du hast eine.

VERGERUS Deine Hanswurstereien sind lustig, und ich wäre sogar geneigt zu lachen, wenn dein Geschwätz nicht etwas enthielte, was ich eine reale, tatsächliche Drohung nennen möchte.

GUSTAV ADOLF Ich will dir mal was sagen, mein feiner hochwürdiger Freund, etwas, was du dir vielleicht nicht vollkommen klarmachst: ich durchschaue dich. Du bist ein ungewöhnlich großes Schwein.

CARL Halt jetzt die Schnauze, lieber Gusten, und denk an deinen Blutdruck.

*Zum Bischof.*

Ich muß dich wirklich um Entschuldigung bitten, lieber Edvard. Auch wenn wir in dem, was im Augenblick wie ein unlösbarer Konflikt aussieht, verschiedene Standpunkte einnehmen, müssen wir uns wie gebildete Menschen aufführen. Ich nehme Abstand von Haltung und Ausdrücken meines Bruders und bitte dich, vergewissert zu sein, daß er absolut keinen anderen Menschen vertritt als sich selbst und durchaus nicht für die Standpunkte der Gesamtfamilie spricht.

Der Bischof verneigt sich stumm vor dem Professor, darauf lehnt er sich in seinem Lehnstuhl zurück und trommelt mit den langen, knochigen Fingern der langen, schmalen Hand auf die Armlehne. Sein blauer Blick richtet er auf einen Punkt hinter dem linken Ohr Gustav Adolfs. In seinen Mundwinkeln erkennt man ein schmales Lächeln.

VERGERUS Ja, ja. *Pause.*

Ja, ja.

GUSTAV ADOLF *mühsam.*

Du mußt mir verzeihen, geschätzter Bruder. Ich bitte

tausendmal um Entschuldigung. Ich bin ein Tölpel, das sagt jedenfalls meine Frau. Mir fehlt der Blick für die inneren Qualitäten von Menschen. Trinke zuviel. Ich bin verlegen. Bitte um Verzeihung.

VERGERUS Reden wir nicht mehr davon. Ich bin sogar bereit, die ehrliche Meinung eines ehrlichen Mannes zu schätzen, auch wenn sie eine Spur – grob ist.
*Lächelt.*
Darf ich dir noch ein Gläschen Sherry anbieten, mein Bruder? Ich versichere dir, er ist gut.

GUSTAV ADOLF *eingeschüchtert.*
Danke. Danke sehr. *Trinkt.*
Es tut mir wirklich leid. Ich habe diese dumme Emilie, diese dumme Schauspielerin, so lieb. Wir lieben sie, die ganze Familie liebt sie. Und dann ist unser Bruder Oscar gestorben, und wir haben uns nicht genug um sie gekümmert. Wir haben Grund, uns einiges vorzuwerfen. Man ist so verdammt schlapp und mit sich selbst beschäftigt. Das habe ich heute morgen zu Alma gesagt: Wenn wir nicht so verdammt schlapp und mit uns selbst beschäftigt gewesen wären, wäre das hier niemals –

Er unterbricht sich und beißt sich auf den Schnurrbart. Carl hat ihm ein warnendes Zeichen gegeben. Der Bischof wirkt abwesend. Es wird dunkel unter der hohen Decke, der Sonnenbrand erlischt. Die mit Büchern verkleideten Wände entfernen sich in der Dunkelheit. Die schwarze Katze schnurrt.

CARL Ich glaube nicht, daß wir unter den gegenwärtigen Umständen zu einer Einigung kommen können. Betrachten wir unser im großen und ganzen vertrauliches und aufrichtiges Gespräch als eine vorsichtige Sondierung.

VERGERUS Ich fürchte, ich teile deinen vorsichtigen Optimismus nicht, geschätzter Bruder. Ich halte unsere

Verhandlungen für abgebrochen und sehe mich genötigt, meinen Standpunkt zu präzisieren. Die Kinder müssen innerhalb von zwölf Stunden in ihr Heim zurückgebracht werden. Anderenfalls sehe ich mich gezwungen (obwohl es meiner Natur und meinen Prinzipien zuwiderläuft), die Sache der Polizei und der Staatsanwaltschaft anzuzeigen.

CARL Ist es denkbar, daß man im Fall der Rückführung der Kinder ein informelles Gespräch über ihren künftigen Umgang mit ihren Cousinen und Verwandten sowie dem Umgang der Mutter mit ihren Verwandten aufnehmen kann?

VERGERUS Ich bin ein Freund fester Regeln und Grundsätze, eine Tatsache, die keineswegs im Gegensatz steht zu meiner aufrichtigen und leidenschaftlichen Freiheitsliebe. Das ist ein Grundstein meines christlichen Glaubens.

CARL Darf ich also deine Äußerung, geschätzter Bruder, als indirektes Versprechen auffassen, künftig mit uns ein Gespräch über die empfindliche Frage der Bewegungsfreiheit Emilies und der Kinder zu führen?

VERGERUS *mit einem müden Lächeln.*
Die Gebrochenheit in unserem Leben besteht überwiegend durch die zerrissenen Bande zwischen Menschen, die alle Voraussetzungen haben, einander zu achten und zu lieben. Ein grausames, aber schwer zu begreifendes Mysterium.

GUSTAV ADOLF *wütend.*
Sich vorzustellen, daß ich, ein Mensch von hundert Kilo oder mehr und mit Vollbart und Verstand gezwungen werde, auf diesem albernen und unbequemen Stuhl zu sitzen und mir diesen ausgewachsenen Heuchler anzuhören. »Die Gebrochenheit in unserem Leben«! Du kannst mich mal da küssen, wo der Rücken plötzlich anders heißt. Jetzt hältst du die Schnauze, Carl. Wäh-

rend ich diesem disparaten Seelenmasturbanten erzähle, was wir noch in der Hinterhand haben. Jetzt hör mal gut zu, jetzt kriegst du was zu hören, Edvard Vergerus. ICH HABE DEINE SCHULDSCHEINE AUFGEKAUFT! Das hast du nicht gewußt, was? Ja, mein Freund. 110000 Reichstaler an Schulden. Ich bin also derjenige, der die Bedingungen diktiert. Jetzt wirst du blaß. Ach, jetzt wird er blaß, der heilige Mann! Nicht wahr, Carl?
*Lacht.*
Der Teufel soll mich holen, ich glaube, die Nase ist auch länger geworden. Du bist ein ganz besonderer Gauner, Edvard Vergerus, aber in meinem Beruf habe ich eins gelernt, nämlich den Geruch eines Gauners wiederzuerkennen, selbst wenn er im Priestergewand auftritt. Und ich weiß, wie man mit Gaunern umgehen muß! Man muß sich ihnen gegenüber selbst wie ein Gauner verhalten. Unsere kleine Emilie kriegt ihre Scheidung auf der Stelle, sonst werde ich Euer Heiligkeit in den allerunchristlichsten Konkurs versetzen.

Gustav Adolf Ekdahl muß erst einmal verschnaufen. Er ist in Atemnot geraten und so rasend geworden, daß sich die Wangen schwer verfärbt haben. Gleichzeitig ist er bester Laune und lacht lauthals. Jetzt verstummt er und merkt mit Unbehagen, daß es sehr still geworden ist. Carl ist in seiner Sofaecke zusammengesunken und betrachtet seine ungepflegten Fingernägel. Das Lächeln des Bischofs ist etwas größer geworden, aber der Blick der tiefblauen Augen ist weit weg irgendwo in der Dämmerung. Die Katze ist aufgestanden und zieht die Krallen mit einem leise raschelnden Laut an einem Buchrücken entlang.

CARL Idiot!
GUSTAV ADOLF Was?
CARL Ich habe Idiot gesagt. Du bist also der Idiot.

GUSTAV ADOLF Ich habe es für am ehrlichsten gehalten, ihm zu sagen, daß er keine Chance hat.

CARL Manchmal habe ich dich ganz schön satt, Gustav Adolf.

GUSTAV ADOLF Ach so. Was hab ich denn jetzt schon wieder Dummes angestellt?

CARL Das wird dir schon bald aufgehen.

Der Bischof kommt langsam wieder zu Bewußtsein und seinen Besuchern. Er betrachtet sie plötzlich mit einem gewissen Wohlwollen, beinahe herzlich.

VERGERUS Wir haben vor einiger Zeit darüber gesprochen, wie vorteilhaft es ist, mit offenen Karten zu spielen. Ich bitte darum, noch einen Augenblick auf diese Metapher zurückzukommen. Herrn Ekdahl möchte ich sagen, daß ich ihn bedaure. Sein Weltbild ist arm, seine Menschensicht einspurig. Er wird von der allzu verbreiteten falschen Auffassung gequält, daß der Mensch von seinen Bedürfnissen regiert werde. Er glaubt, daß man alles kaufen und verkaufen kann. Herr Ekdahl, Sie sind der Sohn einer der großen Künstlerinnen des Landes. Trotzdem haben Sie wenig oder nichts von der unbegrenzten Macht der Seele über die Materie begriffen. Er ist ein armer Caliban, der mit tolpatschigen Händen nach seinen stumpfen Werkzeugen greift. Ich bedaure ihn, ich fühle ein aufrichtiges Mitleid.
*Zu Carl.*
Mein geschätzter Freund und Bruder, ich danke dir für ein anständiges und in jeder Hinsicht würdiges Gespräch. Ich bedaure, daß wir uns nicht geeinigt haben. Ich habe meine Verbindungen zur Ekdahlschen Familie immer geschätzt. Ich habe mich immer über die Wärme und das Wohlwollen gefreut, die mir entgegenströmten. All das ist jetzt vorbei.
*Pause.*

Versuche irgendwann einmal, es deinem Bruder zu sagen – nein, lieber nicht, er würde nie verstehen, daß es bedürfnislose Menschen gibt, die Geld gegenüber gleichgültig sind, die das Gute dieser Welt zurückweisen. Die sich mit Freude verleumden und beschmutzen lassen, weil ihr Gewissen vor Gott dem Allmächtigen rein ist.

*Kleine Pause.*

Und jetzt kommen wir zu unserem Kartenspiel, von dem Herr Ekdahl so angeregt gesprochen hat. Erlauben Sie mir, die letzte Karte aufzudecken. Entschuldigen Sie mich einen Augenblick.

Der Bischof verneigt sich leicht vor den Brüdern, die aufgestanden sind. Er eilt über den weitläufigen Teppich, wird von der Dämmerung verschluckt. Die Katze, die von ihrem erhöhten Aussichtsplatz heruntergesprungen ist, drückt sich schnurrend an Carls Bein.

GUSTAV ADOLF Dieser Mann ist vom Teufel eigenhändig zusammengebaut worden. Hast du jemals so einen eiskalten Scheißkerl gesehen?

CARL Wenn du dich nicht wie ein –

GUSTAV ADOLF – Idiot benommen hättest. Ich gebe es zu. Ich bin verzweifelt. Das ist übrigens das falsche Wort. Es tut mir verdammt leid.

CARL Still jetzt. Er ist wieder da. Halt die Schnauze.

GUSTAV ADOLF Ich schwöre.

Ein Vorhang wird beiseite gezogen, und der Bischof tritt ein. Er führt Emilie an der Hand. Sie trägt ein weiches, faltenreiches Kleid, das ihre Schönheit betont. Das Haar ist wohlgekämmt und zu einem Zopf zusammengebunden. Sie geht den Brüdern mit einem höflichen Lächeln entgegen. Sie umarmt sie und küßt sie, bekommt Tränen in die Augen, drückt ihnen die Hände.

EMILIE Lieber, lieber Gustav Adolf und lieber Carl. Wie lieb von euch, hierherzukommen und uns in unserer Verlegenheit zu helfen. Edvard hat alles erzählt, er hat mir euer Gespräch wiedergegeben. Ich kann nicht sagen, wie dankbar ich für eure Fürsorge und Zärtlichkeit bin. Danke, danke. Leider habt ihr alles mißverstanden. Isak Jacobi hat ganz und gar auf eigene Faust und vollständig eigenmächtig die Kinder geraubt. Es ist entsetzlich und unbegreiflich. Wir haben es hier so gut, wir sind hier so geborgen. Edvard ist so gut zu uns, und wir sind sehr glücklich. Ich bitte euch, ich flehe euch aus ganzem Herzen an, die Kinder zurückzubringen.

Emilie schießen die Tränen in die Augen. Sie hält einen Augenblick inne, drückt ein kleines, spitzenbesetztes Taschentuch an die Lippen, wendet sich ab. Die Brüder stehen mit hängenden Armen und ausdruckslosen Gesichtern da. Der Bischof betrachtet seine Frau mit Zärtlichkeit. Die Katze hat sich gesetzt und den Schwanz um die Pfoten gewickelt. Sie scheint an der Situation keinerlei Interesse zu haben.

EMILIE Es stimmt, daß ich ängstlich und unglücklich gewesen bin. Es stimmt, daß ich nach Eknäset gefahren bin und mit Tante Helena gesprochen habe. Es stimmt, daß die Kinder Schwierigkeiten gehabt haben, sich in die neue Umgebung einzufügen. Es stimmt, daß wir in diesem Haus ein strengeres und ernsteres Leben haben als zu Hause. Aber ich bin glücklich und fühle mich geborgen. Edvard ist die Güte selbst. Ihr müßt mir glauben. Ich bitte euch von ganzem Herzen: Gebt mir meine Kinder wieder! Ich kann nicht ohne sie leben. Liebe, liebe Freunde. Tut, was ich sage. Alles ist ein entsetzliches Mißverständnis.

## 4

In derselben Nacht hat Alexander drei seltsame Erlebnisse, von denen er später nie irgendeinem Menschen erzählt. Er wird gegen vier Uhr morgens wach (hört die Turmuhr des Doms, nicht so nahe und wohlbekannt wie zu Hause, nicht so erschreckend und ohrenbetäubend wie im bischöflichen Haus, sondern entfernt und fremd wie im Traum). Er stellt sofort fest, daß er ganz entsetzlich dringend aufs Klo muß. Da er am Abend zuvor von Müdigkeit übermannt worden war, ist er eingeschlafen, ohne vorher wie gewohnt zu pinkeln, und jetzt ist es dringend. Alexander hat eine Eigenheit. Er führt Selbstgespräche, besonders in kritischen Situationen. Dies ist eine kritische Situation.

ALEXANDER Ich muß pinkeln und muß unbedingt einen Topf finden.

Er entsteigt den Polstern, in Asiriels allzu langes Nachthemd gekleidet, und fängt in der Kammer fieberhaft an zu suchen, aber dort ist kein Topf.

ALEXANDER Hier gibt's keinen Topf, ich muß aufs Klo.

In schwerer Bedrängnis begibt er sich in die fremde Wohnung hinaus. Durchs Fenster tröpfelt eine schattenlose Morgendämmerung.

ALEXANDER Hoffentlich gibt's hier keine Gespenster.

Alles ist verwirrend: Korridore und plötzlich auftauchende Zimmer, überall Gerümpel, Möbel, Statuen, Gemälde, Hausrat, alte Kleider, Preziosen, Bücher. Er hört dumpfes Schnarchen, eine Tür ist angelehnt. In einem hohen Bett liegt Onkel Isak. Er liegt wie ein König auf einem Sarkophag, und aus seinem Inneren dringen mächtige Töne. Es ist erschreckend. Onkel Isak ist nicht der gewöhnliche Onkel Isak, den er kennt, sondern ein entfernter, bedrohlicher Feind, der hinter unübersteigbaren Mauern ein geheimes Leben lebt. Alexander betrachtet ihn mit Ekel und einiger Furcht. Am Fuß des Katafalks steht ein Zeltbett quer; dort liegt Asiriel zusammengekauert. Das Gesicht ist wachsbleich in dem fließenden Licht. Der Mund offen, schwarze Schatten unter den langen, zitternden Wimpern, das dunkle Haar über der Stirn ist feucht, die Hände halbgeöffnet. Könnte ein Kind oder ein alter Mensch sein. Alexander denkt über all das nach, aber sein Bedürfnis macht sich immer stärker geltend, und er erwacht aus seinen Gedanken.

ALEXANDER Jetzt geht es um Leben oder Tod. Oder ich pinkle in die Palme. Die sieht trocken und gelb aus, braucht vielleicht Wasser.

In einem bauchigen Blumentopf steht eine vergilbte Palme. Alexander strullt lange und wollüstig. Isak Jacobi schnarcht. Asiriel liegt wie ein Toter da. Während Alexander pinkelt, sieht er deutlich ein, daß er nicht in seine Kammer zurückfinden wird, daß er sich verlaufen hat.

ALEXANDER Jetzt geht's darum, zurückzufinden. Das wird wahrscheinlich nicht leicht.

Er macht eine Tür auf und weiß, daß er in die falsche Richtung gegangen ist. Ein frierendes Gefühl des Unbehagens gibt ihm Lust, sich auf den nächsten Stuhl zu setzen. Er zieht die nackten Füße an sich, die ziemlich schmutzig geworden sind, macht hart die Augen zu, um die Panik oder die Tränen zurückzudrängen. Als er die Augen aufmacht, steht sein Vater vor ihm und betrachtet ihn mit freundlich bekümmerten Blicken. Alexander bekommt keine Angst, wird aber auch nicht sonderlich froh. Er sieht weg. Oscar setzt sich vorsichtig auf einen kleinen Sessel, so daß er auf diese Weise kleiner wird als sein Sohn.

OSCAR Es ist nicht meine Schuld, daß alles schiefgelaufen ist. Ich bin machtlos, Alexander. Es ist furchtbar, danebenzustehen und zuzusehen, wie ihr gequält werdet. Ich weiß nicht, was ich im Leben für Sünden begangen habe, daß ich gezwungen bin, in einer solchen Hölle zu leben.

ALEXANDER Du kannst dich doch raushalten wie alle anderen.

OSCAR Die meisten können es. Ich nicht.

ALEXANDER Du hast immer gesagt, wenn man tot ist, kommt man zu Gott. Das stimmt also nicht?

OSCAR Ich kann euch nicht verlassen.

ALEXANDER Da du uns ohnehin nicht helfen kannst, wäre es viel besser, an dich selbst zu denken; hau doch lieber in den Himmel ab, oder wohin du sonst mußt.

OSCAR Das ganze Leben habe ich mit euch Kindern und Emilie gelebt. Der Tod macht keinen Unterschied.

ALEXANDER Das ist aber wirklich nicht meine Sorge.

OSCAR Warum bist du so wütend, Alexander?

ALEXANDER Ach was.

OSCAR Ich hab dir doch nichts Böses getan.

ALEXANDER Vielleicht hatte ich dich gern, als du noch lebtest. Das glaube ich jedenfalls. Fanny und Amanda mochten dich mehr als ich, weil du ihnen immer Geschenke gemacht hast.

OSCAR Du hast auch Geschenke bekommen.

ALEXANDER Oh ja, das weiß ich. Aber du hast dich immer so blöd benommen, Papa. Du bist rumgelaufen und hast Blech geredet. Mama und Großmutter haben alles bestimmt. Du hast dich lächerlich gemacht, und man mußte sich schämen, wenn du von einem zum anderen gelaufen bist und jeden um Rat fragen mußtest. Du hast

nie deutlich gesagt, was du selbst wolltest. Dann bist du gestorben. Und jetzt rennst du genauso rum, jetzt rennst du genauso rum wie damals, als du noch lebtest. Du sagst, wir tun dir leid. Das ist doch nur Gerede, Papa. Warum kannst du nicht zu Gott gehen und sagen, daß er den Bischof totschlagen muß, daß das seine Abteilung ist. Oder ist es so, daß du Gott scheißegal bist? Daß wir ihm alle scheißegal sind? Hast du Gott auf der anderen Seite überhaupt GESEHEN?
Ich gehe jede Wette ein, daß du dir nicht mal die Mühe gemacht hast, rauszufinden, welche Möglichkeiten es gibt, in die Nähe von Gott zu kommen. Du bist nur wie gewöhnlich rumgesaust und hast dir um uns Kinder und Mama Sorgen gemacht.

OSCAR Mein Vater hat mich auch für einen Jammerlappen gehalten.

Dies sagt Oscar Ekdahl mit kleiner Stimme und abgewandtem Gesicht. Große Tränen laufen die runden Wangen hinab. Alexander will etwas sagen, hält aber inne. Er ist stumm und verbittert. Schließlich spricht er mitten ins Zimmer hinaus.

ALEXANDER Kein Arsch hat einen Gedanken im Kopf.

OSCAR Du mußt mit den Menschen vorsichtig umgehen, Alexander.

ALEXANDER Idioten. Alle.

OSCAR Allmählich wirst du verstehen –

ALEXANDER Ich glaube nicht an dieses Gequatsche. »Allmählich wirst du verstehen.« Was ist verdammt noch mal allmählich? Ich sehe klar. Menschen sind lächerlich und ich kann sie nicht leiden.

Er schließt fest die Augen. Als er sie öffnet, ist der Vater verschwunden. Das Licht der Dämmerung ist kalt, ihn friert.

## 5

Dieselbe Nacht und dieselbe Zeit im bischöflichen Haus. Die Turmuhr schlägt noch einmal, vier donnernde Schläge. Eine kalte Dämmerung erhebt sich langsam hinter der Ziegelmasse des Doms. Emilie sitzt im Eßzimmer am Kurzende des Tisches. Sie hat eine Teetasse mit warmer Brühe vor sich. Der Körper ist von der Schwangerschaft aufgequollen, die Wangen sind bleich und eingefallen, die Lippen trocken und gespannt. Sie hat sich von seltsamen Gedanken und Vorstellungen fortführen lassen, richtet den Blick auf das flackernde Morgenlicht. Eine Spirituslampe wirft ein fahles Licht. Jetzt sind Schritte zu hören, die Tür geht auf.

VERGERUS Willst du dich nicht schlafen legen? Es hat gerade vier geschlagen.

EMILIE Ich kann nicht schlafen.

VERGERUS Ich auch nicht.

EMILIE Ich bin bei Ellen drinnen gewesen. Sie ist sehr krank. Wir sollten Doktor Fürstenberg holen lassen.

VERGERUS Er kommt morgen früh.

EMILIE Sie stirbt.

VERGERUS Gottes Wille geschehe.

*Pause.*

Was trinkst du?

EMILIE Ich habe mir eine Tasse warme Brühe gemacht. Das hilft gegen die Schlaflosigkeit.

VERGERUS Darf ich?

EMILIE *mit einem Lächeln.*

Bitte sehr, mein Freund.

Sie schiebt dem Bischof die Tasse hin, der an dem Getränk nippt. Er streicht sich über Stirn und Wangen. Die Augen sind vor Weinen und Schlaflosigkeit entzündet und rot.

VERGERUS Willst du mir nicht verzeihen?
EMILIE Ich bleibe doch bei dir.
VERGERUS Diese plötzliche Nachgiebigkeit. Ich verstehe sie nicht.
EMILIE Trink, solange sie noch warm ist.
VERGERUS Und wenn du mich vergiften würdest?
EMILIE Wäre das so unerklärlich?
VERGERUS Nein.

Er nimmt einen tiefen Schluck, stellt die Tasse ab, streicht sich wieder übers Gesicht, legt die Hand auf den Tisch und streckt die Finger aus; es ist eine weiße, breite Hand mit groben Gelenken und faltiger Haut.

EMILIE Du verlangst, daß die Kinder zurückkommen sollen?
VERGERUS Ja.
EMILIE In dem Fall ist es hoffnungslos.
VERGERUS Es ist mir egal, was hoffnungslos ist und was nicht. Mich interessiert nur, was richtig ist.
EMILIE Ich glaube, Ellen hat gerufen.
VERGERUS Bleib du sitzen. Ich gehe zu ihr rein und seh nach ihr.

Er geht in seinem groben, abgetragenen Morgenmantel durch die Zimmer; die Schritte sind schwer und ungeschmeidig, ein stampfender Schatten, eine brütende Verzweiflung, ein zum Tode Verurteilter zwei Stunden vor der Hinrichtung. (Nichts ist mehr so, wie es sein sollte, aber er beklagt sich nicht. Es geht nicht, die Schuld auf Gott zu schieben oder auf Emilie oder die Umstände. Der Bischof gibt sich selbst die Schuld.) Er öffnet die Tür zu Ellens Zimmer. Sie liegt wie ein aufgeschwollener Ball gegen einen Berg von Kissen gelehnt; das Gesicht ist gemartert und verfärbt, die Augen dringen aus ihren Höhlen, der Mund steht weit offen.

VERGERUS Du hast gerufen, Ellen?
ELLEN Ja.
VERGERUS Kann ich dir helfen, Ellen?
ELLEN Es ist so dunkel.

Edvard hebt den Nachttisch mit der brennenden Spirituslampe hoch und stellt ihn ganz nahe ans Bett, damit Fräulein Bergius die Lampe sehen und sie mit der Hand erreichen kann. Er beugt sich über sie und atmet ihre stinkende Todesangst ein. Dann verläßt er sie plötzlich, läßt die Tür angelehnt. Sie jammert sacht, wie ergeben, hebt mit Anstrengung die rechte Hand und legt sie auf die heiße, leuchtende Kugel der Lampe. (Es gibt keine Verteidiger, die für Fräulein Ellen Bergius mündlich oder schriftlich würden plädieren wollen. Sie ist widerwärtig, sie verfault, ein Parasit, ein Monstrum. Ihre Rolle ist bald ausgespielt; es lohnt sich nicht, an ein derart mißglücktes Stück Brot in dem großen Weltgebäck Mitleid zu vergeuden.)

Emilie sitzt in ihrem speckigen Nachthemd auf dem Bett; sie hat sich einen Schal um die Schultern gezogen, die Hände ruhen auf den Schenkeln. Edvard Vergerus steht am Fenster und trinkt den Rest der Brühe aus.

EMILIE Kannst du sehen, wie spät es ist? Meine Uhr ist stehengeblieben.
VERGERUS Es ist bald halb fünf.
EMILIE Es ist eine lange Nacht gewesen.
VERGERUS Du solltest versuchen, ein bißchen zu schlafen.
EMILIE Mir tun die Beine weh. Sie sind angeschwollen und schmerzen.

Mann und Frau schweigen. Die Reglosigkeit ist total. Sekunden und Minuten kriechen durch den Raum. Hier ist der Schlußpunkt.

VERGERUS Ich habe gehört, daß der Weltraum sich ausdehnt. Die Himmelskörper rasen mit schwindelerregender Geschwindigkeit voneinander weg. Das Universum explodiert, und wir befinden uns im Augenblick der eigentlichen Explosion.

Emilie schweigt und sieht ihn an.

VERGERUS Zu »verstehen«. Das ist ein mißbrauchtes Wort. Ich verstehe. Ich verstehe, was du meinst. Ich verstehe, wie du fühlst. Lügenworte.

Emilie schweigt und sieht ihn an.

VERGERUS Du hast einmal behauptet, du würdest ununterbrochen Masken tauschen, so daß du am Ende nicht mehr wüßtest, wer du seist.
*Pause.*
Ich habe nur eine Maske. Aber die sitzt festgebrannt in meinem Fleisch; wenn ich versuche, sie abzureißen –

Emilie schweigt und sieht ihn an.

Edvard Vergerus setzt sich auf seine Seite des Bettes. Emilie kehrt ihm den Rücken, ist immer noch reglos, wie in erstickender Spannung.

VERGERUS Ich bin immer der Meinung gewesen, die Menschen mögen mich. Ich habe mich selbst für klug, weitsichtig und gerecht gehalten. Ich habe nicht geahnt, daß jemand imstande sein könnte, mich zu hassen.
EMILIE Ich hasse dich nicht.
VERGERUS Dein Sohn haßt mich.
EMILIE Das ist wahr.
VERGERUS Ich habe Angst vor ihm.

## 6

Alexander hat vielleicht einige Augenblicke geschlafen, vielleicht schläft er noch immer, möglicherweise ist dies ein Traum. Es kann auch sein, daß er nur die Augen geschlossen gehalten hat, daß all das, was jetzt folgt, gar keine Phantasie oder ein Traum ist, sondern Wirklichkeit. Wenn er irgendwann einmal, nicht allzuoft, an seine drei Erlebnisse zurückdenkt, kann er sich nicht entschließen, ob er sie bagatellisieren oder als lebensentscheidend betrachten soll. Wie dem auch sei: Reflexionen sind unnütz, sie erscheinen nicht auf den Bildern, und darum sollen die zwei verbleibenden Erlebnisse gerade so erzählt werden, wie sie sich in Alexanders Bewußtsein ereignet haben.

Ob er geschlafen hatte, ob er schlief oder ob er nur die Augen geschlossen hatte, ist also gleichgültig. Er hört ein schwaches, gleichsam schleppendes Geräusch und macht die Augen auf. Eine Tür weit weg am anderen Ende des Zimmers ist einen Spaltbreit aufgegangen. Auf dem Türgriff ruht eine erschreckend große Hand, hinter der ein maßloses Handgelenk weitergeht, das in einem weiten Ärmel aus dickem, dunkelrotem Stoff verschwindet. Alexander hört auch ein übermächtiges ruhiges Atmen hinter der Tür. Ihm wird klar, daß sich da draußen im Dunkel des Korridors ein Riese verbirgt. Ihn lähmt elementares Entsetzen; ihm sträuben sich die Nackenhaare, und das Herz hört auf zu schlagen; die Lippen werden kalt und das Gesicht starr.

Die Tür knallt leicht und wird noch ein bißchen weiter aufgeschoben. Etwas Rotes, Unförmiges ist zu erkennen, wogt; die weiße Hand auf dem Türgriff ist wie ein großes sterbendes Tier. Jetzt geht noch eine andere Tür auf, und hinter dieser Tür zittert ein bebender Lichtschein, der ohne Anstrengung über die Schwelle fließt, und gegen die Decke schwebt hastig ein zirpendes Lachen. Tief drinnen in dem Schimmer ist ein Gesicht zu erkennen, ein von rotem Haar umrahmtes lachendes Mädchengesicht. Plötzlich erlischt der Lichtschein und die Gestalt ist verschwunden.

ALEXANDER Jetzt ist es aus mit mir. Was?

Ein schwaches, vielstimmiges Lachen erklingt unter der Decke und aus den dunklen Ecken. Die weiße Hand bewegt sich in einem Halbkreis; das Unförmige, Rote wogt.

ALEXANDER Wer steht da hinter der Tür?
STIMME Gott steht hinter der Tür.
ALEXANDER Kannst du nicht rauskommen?
STIMME Kein Lebender darf Gottes Gesicht sehen.
ALEXANDER Was willst du von mir?
STIMME Ich wollte nur beweisen, daß es mich gibt.
ALEXANDER Ich bin sehr dankbar. Danke.
STIMME Für mich bist du nur ein kleines Staubkorn ohne Bedeutung. Hast du das gewußt?
ALEXANDER Nein.
STIMME Du bist übrigens böse zu deinen Geschwistern und deinen Eltern, du bist unverschämt zu deinen Lehrern und hast häßliche Gedanken im Kopf. Eigentlich verstehe ich nicht, warum ich dich leben lasse, Alexander.
ALEXANDER Nein.
STIMME Das HEILIGE! Alexander.
ALEXANDER Was!
STIMME Das Heilige! Die Katze auf der Ratte, die Ratte auf dem Seil, das Seil auf dem Schlachter, und so weiter. Verstehst du, was ich meine?
ALEXANDER Ich glaube nicht.
STIMME Gott ist die Welt und die Welt ist Gott. So einfach ist das.

ALEXANDER Ich bitte vielmals um Entschuldigung, aber wenn es so ist, wie du sagst, dann bin auch ich Gott.

STIMME Du bist überhaupt nicht Gott. Du bist nur ein aufgeblasener kleiner Scheißer.

ALEXANDER Ich behaupte, daß ich nicht aufgeblasener bin als Gott. Ich wäre dir dankbar, Gott, wenn du mir das Gegenteil beweisen würdest.

STIMME DIE LIEBE! Alexander!

ALEXANDER Welche Liebe?

STIMME Ich spreche von MEINER Liebe. Der Liebe Gottes. Der Liebe Gottes zu den Menschen.

*Pause.*

Nun?

ALEXANDER Ja, von der Liebe habe ich schon was gehört.

STIMME Gibt es etwas Größeres als die Liebe?

ALEXANDER In dem Fall höchstens den Ständer von Hochwürden, dem Bischof. Was anderes fällt mir nicht ein, weil ich erst zehn Jahre alt bin und nicht so große Erfahrung habe.

STIMME Das war richtig geantwortet, aber ziemlich unverschämt. Willst du vielleicht, daß ich ein Wunder vollbringe?

ALEXANDER Was kannst du denn?

STIMME Ich bin allmächtig. Hast du das vergessen?!

ALEXANDER Ich habe es nicht vergessen, aber ich glaube nicht daran, weil du selbst dauernd davon quatscht, daß du allmächtig bist. Wenn du wirklich allmächtig wärst, wäre die Sache selbstverständlich. Und dann wärst weder du noch der Bischof gezwungen, jeden Sonntag deine Allmacht zu beweisen.

Das Rote hinter der Tür wogt heftiger, die Hand wird ausgestreckt, die Finger bewegen sich, es sieht scheußlich aus. Ein dumpfes Grollen pflanzt sich durch die Fußbodendielen fort. Jetzt wird die Tür ganz aufgerissen, eine gewaltige Gestalt mit geschwollenem Gesicht fällt auf den Fußboden, und aus einem Loch in der Decke springt Asiriel vor Alexander hin. Er lacht.

ASIRIEL Du hast es geglaubt!

ALEXANDER Ich habe von Anfang an gesehen, daß es eine Puppe war.

ASIRIEL Das hast du nicht gesehen. Du hast Angst gehabt.

ALEXANDER Ich hab überhaupt kein scheißbißchen Angst gehabt.

ASIRIEL *äfft ihn nach.*
»Jetzt ist es aus mit mir. Was?!«

Alexander wird rasend und schlägt Asiriel mitten in dessen Lachen. Es kommt zu einem kurzen und erbitterten Kampf, nach einigen Augenblicken liegt Alexander auf den Fußboden gepreßt, Asiriel sitzt auf seinem Bauch.

ALEXANDER Ich ergebe mich. *Traurig.* Ich ergebe mich.

Asiriel lächelt plötzlich und streicht ihm über die Wange.

ASIRIEL Heul nicht, Alexander. Ich habe nicht vorgehabt, dich zu erschrecken, jedenfalls nicht sehr. Ich habe die ganze Nacht aufgesessen und mit dieser Marionette da gearbeitet (es gibt einen reichen Zirkusdirektor in England, der verrückt ist nach unseren Puppen). Dann hörte ich, daß du hier draußen herumgetapst bist.
*Lauscht.*
Still. Hörst du. Jetzt ist mein Bruder Ismael wach. Hörst du? Er singt. Es ist schade um Ismael. Er kann die Menschen nicht aushalten. Manchmal wird er rasend, und dann ist er gefährlich. Komm, du kannst ihm Guten Tag sagen. Die Ärzte sagen, daß seine Intelligenz himmelhoch über dem Normalen sei; er liest ununterbrochen und ist unglaublich gelehrt, kann alles auswendig. Möchtest du eine Tasse Kaffee, Alexander?

Oder ein Stück Brot? Soll ich dir ein bißchen Milch warm machen?

ALEXANDER Du hast gesagt, du bist die ganze Nacht aufgewesen. Aber ich habe doch gesehen, daß du im Schlafzimmer deines Onkels gelegen und geschlafen hast.

ASIRIEL Es gibt vieles, was komisch ist und nicht erklärt werden kann. Das merkt man besonders, wenn man sich mit Magie beschäftigt. Hast du unsere Mumie gesehen? Sieh genau hin, Alexander! Siehst du, daß sie atmet? Sie ist seit mehr als viertausend Jahren tot, atmet aber, und jetzt mach ich es dunkel im Zimmer. Was siehst du?

ALEXANDER Sie leuchtet.

ASIRIEL Genau das. Niemand weiß, warum sie selbstleuchtend ist. Hier ist ein ganzer Haufen gelehrter alter Knacker gewesen, die die alte Dame in- und auswendig untersucht haben, aber sie können nicht erklären, warum sie leuchtet. Das Unbegreifliche macht Menschen rasend. Daher ist es viel leichter, den Apparaten und den Spiegeln und den Projektionen die Schuld zu geben. Da fangen die Leute an zu lachen. Das ist viel gesünder, in jeder Hinsicht, vor allen Dingen ökonomisch. Mein Vater und meine Mutter haben in Petersburg ein Zaubertheater betrieben. Daher weiß ich, wovon ich rede. Eines Abends, mitten in der Vorstellung, trat ein richtiges Gespenst auf, eine Tante meines Vaters, die zwei Tage vorher gestorben war. Zufällig verirrte sich das Gespenst unter die Maschinen und die Projektoren. Es gab ein Fiasko, und Vater mußte die Eintrittsgelder zurückzahlen.

ALEXANDER Ich weiß einiges über Gespenster.

ASIRIEL Onkel Isak behauptet, daß wir von Wirklichkeiten umgeben sind, daß eine auf die andere folgt. Er sagt, es wimmelt von Schemen, Geistern, Dibbuks,

Seelen, auferstandenen Gespenstern, Dämonen, Engeln und Teufeln. Er behauptet, auch der kleinste Stein habe ein eigenes Leben.

*Unterbricht sich.*

Willst du noch etwas Kaffee, Alexander?

ALEXANDER Ja, bitte.

ASIRIEL *gießt ihm ein.*

Alles ist lebendig, alles ist Gott oder Gottes Gedanke. Nicht nur das Gute, sondern auch das Grausamste. Was glaubst du selbst?

ALEXANDER Wenn es einen Gott gibt, dann ist er ein Scheiß- und Pißgott, und ich hätte Lust, ihn in den Arsch zu treten.

ASIRIEL Ich finde deine Theorie sehr interessant, lieber Alexander, und sie scheint mir außerdem ziemlich gut motiviert. Was mich betrifft, so bin ich Atheist. Wenn man zum Magier erzogen worden ist und schon in der Kindheit alle Kniffe gelernt hat, dann bedankt man sich für jede außerweltliche Einmischung! Ich als Zauberer stehe am liebsten für das Begreifliche, das Unbegreifliche müssen die Zuschauer zustande bringen. Wollen wir Ismael das Frühstück bringen? Komm, Alexander! Du bist wirklich nicht auf den Kopf gefallen, vor allen Dingen, wenn man bedenkt, daß du erst neun Jahre alt bist.

ALEXANDER Ich werde im November elf.

## 7

Genau um diese Zeit, an diesem stickigen Septembermorgen, wird Edvard klar, daß er ein Schlafmittel getrunken hat. Er sitzt noch immer auf der Bettkante, das Gesicht dem Fenster zugewandt, und trägt seinen groben Morgenmantel. Emilie steht reglos an der Tür.

EMILIE Ich habe von deiner Schwester eine Tube mit Bromtabletten bekommen, weil ich nicht schlafen konnte. Ich hatte drei Tabletten in die Brühe gelegt. Es war nicht meine Absicht, daß du sie trinken solltest. Als du gingst, um nach Ellen zu sehen, habe ich noch drei Tabletten in die Tasse gelegt.

VERGERUS Du Satan.

EMILIE Du sollst tief schlafen. Wenn du aufwachst, bin ich weg. Ich wasche mich, kämme mir die Haare und ziehe mich in aller Ruhe an. Dann gehe ich die Treppe runter und schließe die Hoftür auf. Ich gehe zurück zu meinen Kindern, zum Theater, zu meinem Haus und meiner Familie.

VERGERUS Ich liebe dich!

EMILIE In ein paar Minuten schläfst du. Wenn du aufwachst, wirst du von Sehnsucht und Einsamkeit gequält sein. Aber solche Gefühle gehen vorbei, Edvard.

VERGERUS Ich werde mich ändern und du wirst zurückkommen.

EMILIE Ich komme nie mehr zurück.

VERGERUS Ich werde dich von Stadt zu Stadt verfolgen. Ich werde dein Leben vergiften und die Zukunft deiner Kinder zerstören.

EMILIE Armer Edvard. Du weißt nicht mehr, was du sagst.

VERGERUS Ich bin wach. Ich bin furchtbar wach.

Er steht auf und greift halbblind und rasend nach ihrem Arm. Sie weicht aus. Er sucht sie mit dem Blick; krampfhaftes, dumpfes Schluchzen schüttelt ihn, und Tränen füllen immer wieder die entzündeten Augen.

VERGERUS Hilf mir wenigstens ins Bett. Ich kann nicht mehr sehen. Und ich bin wirr im Kopf.

Er steht mit ausgestreckten Armen und geschlossenen

Augen mitten im Zimmer, nur von der stickigen Dämmerung beschienen. Emilie vergißt sich einen Augenblick und macht ein paar Schritte, um ihm zu helfen; plötzlich hält sie inne und bleibt außer Reichweite.

VERGERUS Bist du da? Ich sehe dich nicht. Ich sehe nicht.
EMILIE Ich bin hier.
VERGERUS Hilf mir.
EMILIE Ich wage nicht, dir zu helfen.

Das dumpfe, herzzerreißende Weinen, die blinden Augen, der halboffene sabbernde Mund, die ausgestreckten Hände, die gebeugte, taumelnde Gestalt, den Kopf vorgeschoben. Die dunklen Betten mit ihren schwellenden Polstern, der Gekreuzigte, vor Schmerz grimassierend, die schweren Vorhänge, die verschlissenen Sessel, das Dämmerlicht, das weder Schatten noch Tagwerden ist, es ist bleichfarben und krank. Emilie sieht dies alles, sie wird ihr ganzes Leben lang genau diesen Augenblick sehen, das Weinen hören, das Keuchen, die eigenen harten Pulsschläge, den Duft von Staub und den kalten Schweiß der Furcht spüren, genau dieses Bild, genau diesen Augenblick.

## 8

Asiriel öffnet die verbotene Tür. Alexander betritt ein längliches Zimmer mit einem gardinenlosen Fenster an der Schmalseite. Mitten im Raum stehen ein grober Holztisch und ein kaputter Lehnstuhl. An den Wänden viele Regale voller Bücher, Zeitungen und Haufen von Papier. Auf einem schmalen Feldbett mit schmutziger Bettwäsche liegt ein Junge von etwa sechzehn Jahren. Er hat ein rundes, blasses Gesicht, blaßrotes, gelocktes Haar, und blaßblaue schmale Augen; seine Bewegungen sind genießerisch mädchenhaft und die Stimme hell und eine Spur heiser. Er trägt einen allzu engen schwarzen Anzug ohne Weste und Halstuch, das Hemd ist fleckig. Die Hände sind rund mit kurzen Fingern. Statt Schuhen trägt er graue Socken. Er betrachtet die Eintretenden mit amüsierter Miene, bewegt sich nicht aus dem Bett.

ASIRIEL Guten Tag, Ismael. Wir bringen dir dein Frühstück. Dies ist mein Freund Alexander Ekdahl.

Ismael steht hastig vom Bett auf und geht zu Alexander hin, legt ihm eine Hand auf die Schulter und betrachtet ihn mit schmalen blaßblauen Augen. Dann nickt er bestätigend und lächelt, ohne zu lächeln.

ISMAEL Ein Idiot kann sehen, daß es Alexander nicht gut geht. Laß uns allein, Asiriel, du brauchst keine Angst zu haben, ich werde ihn nicht auffressen, auch wenn er appetitlich aussieht. Vergiß nicht, außen abzuschließen; du kannst in einer halben Stunde wiederkommen. Geh jetzt, Asiriel!

Das letzte sagt Ismael plötzlich mit scharfer Ungeduld, obwohl der Mund noch immer sein schmales Lächeln lächelt.

ALEXANDER Es würde Onkel Isak nicht gefallen, daß –

ISMAEL Onkel Isak ist ein alter Ziegenbock und bekommt nie etwas von deinem Besuch zu wissen, Alexander!

*Zu Asiriel.*

Geh jetzt!

Asiriel geht zögernd und schließt die Tür hinter sich zu. Ismael nippt an seinem Kaffee, reicht Alexander den Becher.

ALEXANDER Nein, danke.

ISMAEL Ich heiße Ismael, das weißt du schon. »Und er soll werden wie ein Wildesel. Seine Hand sei gegen jedermanns Hand, und jedermanns Hand sei gegen ihn.« Man hält mich für gefährlich, daher bin ich eingeschlossen. An und für sich habe ich nichts dagegen einzuwenden.

ALEXANDER Auf welche Weise bist du gefährlich?

ISMAEL Ich habe unbequeme Talente.

ALEXANDER Unbequeme?

ISMAEL Schreib deinen Namen auf dieses Blatt Papier, es ist ein gewöhnliches Stück Umschlagpapier, hier hast du einen Bleistift, er ist leider ein bißchen stumpf, aber es wird wohl trotzdem gehen. So. Ja, Alexander Ekdahl, lies jetzt, was du selbst geschrieben hast.

ALEXANDER Da steht Ismael Rezinski.

ISMAEL Vielleicht sind wir dieselbe Person. Vielleicht haben wir keine Grenzen. Vielleicht fließen wir ineinander, strömen durcheinander, unbegrenzt und großartig. Du trägst an entsetzlichen Gedanken, es ist fast quälend, in deiner Nähe zu sein, gleichzeitig ist es verlockend. Weißt du, warum?

ALEXANDER Ich weiß nicht, ob ich es wissen will.

ISMAEL Der böse Gedanke hat eine beträchtliche Verlokkung. Die meisten Menschen können ihn nicht materialisieren, und das ist vielleicht ein Glück für die Menschheit! All das ist übrigens primitiv und barbarisch! So macht man zum Beispiel ein Abbild von jemandem, den man nicht leiden kann, und durchsticht das Abbild mit Nadeln. Das ist wirklich eine ziemlich tölpelhafte Methode, wenn man bedenkt, welche schnellen und geraden Wege der böse Gedanke gehen kann.

ALEXANDER Ich glaube nicht, daß ich mit dir darüber sprechen will.

ISMAEL Du bist eine merkwürdige kleine Person, Alexander. Du willst nicht über das sprechen, woran du in jedem Augenblick denkst.

ALEXANDER Wenn es so ist – ja, es stimmt.

ISMAEL Sag mir, was du denkst.

Alexander schweigt – schüttelt nur den Kopf.

ISMAEL Du trägst am Tod eines Menschen. Warte einen Augenblick. Sag nichts. Ich weiß, an wen du denkst: an einen hochgewachsenen Mann mit hellem, von grauen Strähnen durchzogenem Haar und Bart – korrigiere mich, wenn ich irre –, er ist blauäugig, hat klare blaue Augen und ein knotiges Gesicht, er ist breitschultrig – verbessere mich, wenn ich irre – in diesem Augenblick schläft er und träumt davon, daß er vor dem Altar auf die Knie fällt; über dem Altar hängt der gekreuzigte Prophet. In seinem Traum erhebt er sich und ruft durch den gewaltigen Dom. »Heilig, heilig ist der Herr Zebaoth, die ganze Erde voll mit seiner Herrlichkeit.« Das geschieht da draußen im Dunkeln. Niemand antwortet ihm, nicht mal ein Lachen.

ALEXANDER Ich will nicht, daß du so sprichst.

ISMAEL Ich bin nicht derjenige, der spricht. Das bist du selbst. Ich sage deine Bilder. Ich wiederhole deine Gedanken. Die Wahrheit über die Welt ist die Wahrheit über Gott. Jetzt darfst du nicht zögern. Er schläft schwer, von Alpträumen gequält, gib mir deine Hand, Alexander, es ist eigentlich nicht notwendig, aber sicherer. Die Türen sollen aufgerissen werden – ein Schrei wird durchs Haus gehen.

ALEXANDER Ich will nicht. Ich will nicht.

ISMAEL Es ist zu spät. Ich kenne deinen Wunsch.
*Lacht.*
Ein kleiner Junge wie du trägt einen solchen Haß in sich, solch entsetzliche Wünsche!
*Zieht Alexander auf.*
Dein magerer Brustkorb wird gesprengt werden. Hab keine Angst, Alexander. Es kommt nur darauf an, im entscheidenden Augenblick nicht zu zögern, darum

halte ich dich im Arm. Du hast nur einen Weg zu gehen, und ich folge dir, ich lösche mich selbst aus, ich gehe in dir auf, mein kleines Kind, hab keine Angst, ich bin bei dir, ich bin dein Engel, der dich beschützt. Es ist fünf Uhr morgens, und die Sonne ist gerade aufgegangen. Die Türen werden aufgerissen – nein, warte. Erst ein Schrei, ein unheimlicher Schrei, der durchs Haus geht, eine unförmige, brennende Gestalt bewegt sich über den Fußboden – schreiend –

ALEXANDER Ich will nicht. Laß mich. LASS MICH!

Alexander versucht, sich aus Ismaels Umarmung freizumachen, aber er kann sich nicht bewegen, er kann nicht einmal schreien – jetzt sieht er deutlich die brennende Gestalt, die taumelnd und mit lautem Geheul –

## 9

EMILIE Was ist passiert?

POLIZEIKOMMISSAR Ihr Gatte, Seine Hochwürden der Bischof, ist heute morgen unter grauenvollen Umständen ums Leben gekommen. Wir glauben, den Verlauf im Detail geklärt zu haben. Fräulein Ellen Bergius, die ernsthaft erkrankt ist, lag in ihrem Bett. Auf ihrem Nachttisch stand eine brennende Spirituslampe. Durch einen unglücklichen Zufall fiel die Lampe ins Bett und zündete sowohl die Bettwäsche wie das Haar und das Nachthemd von Fräulein Bergius an. Die Kranke rannte brennend wie eine Fackel durchs Haus und zufällig geriet sie dabei ins Schlafzimmer des Bischofs. Der Schwester Seiner Hochwürden zufolge, Fräulein Henrietta Vergerus, schlief der Bischof sehr tief, weil Sie, Frau Vergerus, ihm früher am Abend ein Schlafmittel gegeben hatten, bevor Sie nach einem heftigen Wortwechsel mit Ihrem Mann das Haus zwanzig Minuten nach vier am Morgen verließen. Frau Bergius warf sich auf den Schlafenden und zündete so sowohl seine Bettwäsche wie seinen Morgenrock an. Der Bischof wachte auf, es gelang ihm, sich von der sterbenden und immer noch brennenden Frau zu befreien, aber er konnte selbst das Feuer nicht löschen, das ihn jetzt verzehrte. Die alte Frau Vergerus fand ihren Sohn mit verbranntem Oberkörper und verkohltem Gesicht. Er zeigte noch schwache Lebenszeichen und rief immer wieder, daß seine Schmerzen unerträglich seien. Zehn Minuten später waren Arzt und Krankenwagen gekommen, aber zu dem Zeitpunkt war er bereits von seinen Qualen erlöst und hatte seinen letzten Seufzer getan. Obwohl ich nicht von der Tatsache absehen kann, daß das von Ihnen, Frau Vergerus, verabreichte Schlafmittel möglicherweise das Unglück verschlimmert hat, kann ich dem jedoch gleichzeitig keine ernstere Bedeutung beimessen, sondern muß das, was eingetroffen ist, als ein schreckliches Zusammentreffen besonders unglücklicher Umstände bewerten. Ich bitte Sie daher, gnädige Frau, Ihnen meine tiefe und aufrichtige Anteilnahme aussprechen zu dürfen.

## 10

Zwei Tage nach dem entsetzlichen Hinscheiden des Bischofs besuchen Emilie und die Kinder das Theater. Sie tragen Trauer; die Witwe ist tief verschleiert. Es ist früher Nachmittag und einige Strahlen des herbstlichen Sonnenscheins durchdringen die Ritzen der geschlossenen Fensterläden. Die schläfrige Arbeitslampe flackert über den Bühnenraum; der Zuschauerraum ruht im Dunkeln.

Die Schauspieler bewegen sich wie taumelnde Schatten in dem staubigen Halbdunkel.

HARALD MORSING Madame, ich hatte die Ehre, Euch gestern zu besuchen, aber Euer Kammerkätzchen wies mich mit einer verletzenden Begrüßung ab.

HANNA SCHWARTZ Marquis, ich schäme mich über Eure Aufdringlichkeit, und kann nichts anderes als bedauern, daß meine Bediensteten an diesem Morgen keine Möglichkeit hatten, Euch von neuem abzuweisen. Ihr sagt, Ihr liebt mich, Marquis. Habt in dem Fall die Güte, mich von Eurer Gegenwart zu verschonen, die, wenn ich es aufrichtig sage, bei mir allen Verdruß, um nicht zu sagen Zorn erweckt, wenn ich an die Demütigungen denke, die Ihr mir in Gegenwart Ihrer Majestät der Königin zugefügt habt.

MIKAEL BERGMAN *tritt ein.*

Sieh an, Marquis, was verschafft uns die Ehre eines so frühen Besuchs?

FILIP LANDAHL *abseits.*

Wahrhaftig eine desperate Überraschung! Ich bin auf die Auflösung gespannt.

HARALD MORSING Graf!

MIKAEL BERGMAN Marquis!

HARALD MORSING Allein der Gedanke an das Blut, das Ihr für Euren König vergossen habt, Graf, hindert mich daran, Euch augenblicklich und mit aller Macht die Schändlichkeit ins Gesicht zurückzuwerfen, die Ihr gegenüber der Marquise begangen habt. Verschont diese edle Dame von der Schande, die –

SOUFFLEUR *schneuzt sich.*

– Ihr über mein Haus gebracht habt.

HARALD MORSING – die Ihr über mein Haus gebracht habt.

*Zu Filip Landahl.*

Nicht genug damit, daß dies der größte Blödsinn ist, der

je in französischer Sprache geschrieben worden ist, die Übersetzung ist außerdem sehr schlecht, Herr Landahl, das sage ich aufrichtig, obwohl ich weiß, daß Sie sich große Mühe gegeben haben.

FILIP LANDAHL Ich weiß, daß es ein in großer Eile zusammengeschriebenes Werk ist, Herr Morsing, aber wir befinden uns in einer Krise.

HARALD MORSING Zuerst haben wir Shakespeare gespielt, mein Herr. Wir spielten sogar den großen Molière, wir waren sogar kühn genug, Henrik Ibsen zu Wort kommen zu lassen.

FILIP LANDAHL Der Publikumsgeschmack, Herr Morsing! Man wünscht nicht mehr, die Gesänge der Riesen zu hören, man begnügt sich mit Zwergenklängen. Niemand kümmert sich mehr um unser Theater, weder das Publikum noch die Familie Ekdahl. Die Kasse versiegt, unseren Schauspielern geht es schlecht.

Hanna Schwartz und Mikael Bergman haben sich betrübt auf einem hohen Holzsofa ohne Armlehne hingesetzt. Sie halten einander bei der Hand, sitzen trübsinnig da.

EMILIE *flüstert.* Hanna.

Hanna entdeckt Emilie und die Kinder im Schatten der Seitenkulisse. Sie läßt vor Freude einen Schrei hören. Die beiden Herren unterbrechen ihren Disput und drehen sich um. Mikael Bergman steht mit einem verblüfften Ausdruck auf. Alle bleiben stehen. Dann breitet Emilie die Arme aus, und Hanna umarmt sie. Man fängt vor Aufregung an zu weinen, man küßt sich, berührt sich an Händen und Wangen, man lacht und spricht leise, als hätte man Angst, den Augenblick vor Schreck zu verjagen.

FILIP LANDAHL Mir fehlen die Worte. Mir fehlen die Worte.

HARALD MORSING Liebe Frau Ekdahl, liebe, liebe Frau Ekdahl.

MIKAEL BERGMAN Ich verstehe nicht, warum ich so verflucht gerührt bin.

HANNA SCHWARTZ Jetzt bleibst du bei uns, nicht wahr?

## Epilog

Im Winter sind Emilie und Maj mit je einem Kind weiblichen Geschlechts niedergekommen, zur großen Freude nicht nur der Mütter, sondern auch der Geschwister, Halbgeschwister, des über die Maßen stolzen Gustav Adolf und besonders Frau Helenas, die im Herbst gegen ihre Gewohnheit gekränkelt hat und etwas melancholisch gewesen ist. Mit wahrem Ekdahlschen Gefühl für das Feiern von Festen hat man beschlossen, in der Zeit des Flieders eine Doppeltaufe zu feiern.

Der Winter ist endlich besiegt, und der Frühsommer steht im Flor. Der Tag strahlt nach einem milden Regen, die Mütter tragen ihre Kinder selbst zur Taufe, die in Emilies Wohnung stattfindet. Die Taufe nimmt ein älterer, rundlicher Priester vor, der nach einer kräftigen Bestechung durch Gustav Adolf beide Augen davor verschließt, daß das eine Kind von zweifelhafter Herkunft ist. Selbstverständlich ist die gesamte Verwandtschaft anwesend, auch die Schauspieler des Theaters sind eingeladen worden.

Die Damen tragen große blumengeschmückte Hüte, die Herren korrekte Vormittagsanzüge, und Alexander quält sich in einem weißen Seemannsanzug. Fräulein Vega und Fräulein Ester stolzieren in frisch genähten grauen Seidenkleidern, und die übrigen weiblichen Bediensteten des Hauses haben sich nach Geschmack und Gelegenheit herausgeputzt. Schon vor der eigentlichen Zeremonie hat man Champagner getrunken, und die Stimmung ist ausgelassen, fast frivol. Das Essen wird in Helenas weitläufigem Eßzimmer eingenommen. Der gewaltige Tisch ist mit einer von Blumen übersäten roten Decke bedeckt, die

Silberkandelaber und Kristalleuchter glitzern im Sonnenschein, das Orchester des Theaters spielt Walzer, und die beiden kleinen Anlässe dieses Festes ruhen auf einer besonderen Tribüne, die man mit Fliederblüten und rosafarbenen Rosen ausgeschmückt hat, in ihren Betten. Viele fühlen sich herausgefordert, eine Rede zu halten, besonders Gustav Adolf, der zwei hält.

GUSTAV ADOLF Meine lieben, teuren Freunde, ich bin furchtbar gerührt. Liebe Freunde, liebe Mama, meine hochgeliebte Frau Alma, meine geliebte Emilie, schöner als jemals, meine wunderbaren Kinder Petra und Jenny und HÖCHSTDIESELBE, das kleine Fräulein Helena Victoria, das da so lieb in seinem Bettchen liegt, und das Maja-Mädchen, das ich so gern habe! Sowie mein unvergleichlicher Bruder Carl und seine liebliche Frau und mein hochgeschätzter Freund Isak Jacobi, der dieser Familie unschätzbare Dienste erwiesen hat, das liebe Fräulein Vega und Fräulein Ester und ihr alle, ihr guten Freunde, die uns beim Weg bergauf in diesem Leben so treu helft und zur Seite steht. Last but not least, ihr lieben und bewunderten und talentvollen genialischen Künstler, Herr Landahl, Fräulein Schwartz, Herr Morsing und Herr Bergman; wenn ich euch alle in einer unermeßlichen Umarmung an die Brust drücken könnte, ich würde es tun, und ich würde euch einen zärtlichen Kuß auf eure Stirnen drücken, einen Kuß, der euch mehr als alle Worte meine Freude und meine Liebe zeigen würde. Jetzt sind wir wieder zusammen, jetzt hat sich unsere kleine Welt in Geborgenheit um uns geschlossen, in Geborgenheit, Weisheit und Ordnung nach einer Zeit des Schreckens und der Verwirrung. Die Schatten des Todes haben sich verflüchtigt, der Winter ist in die Flucht gejagt, und die Freude ist in unsere Herzen zurückgekehrt. Jetzt muß

ich Fräulein Helena Victoria aus ihrem Bett hochnehmen – ist das erlaubt? Ich wußte, daß es erlaubt ist. Amanda, hol die kleine Aurora und nimm sie auf den Schoß, sie soll sich an diesem Glückstag nicht vergessen fühlen, an diesem, dem besten Tag in meinem Leben. Jetzt werde ich eine Rede halten, seht mal, sie lacht mich an, meine Tochter Helena Victoria. Ja, lach nur deinen alten Vater an und kümmer dich nicht um das, was er sagt. Das sind nur Dummheiten!
*Tränen schießen ihm in die Augen.*
Meine Weisheit ist einfach, und es gibt genug Leute, die meine Weisheit verachten. Aber das ist mir scheißegal, verzeih, Mama, ich sehe, du hebst die rechte Augenbraue, du findest, daß dein ältester Sohn zuviel redet, sei unbesorgt. Ich werde mich kurz fassen. Also und folglich: Wir Ekdahls sind nicht zur Welt gekommen, um sie zu durchschauen, glaubt das niemals. Für solche Exkursionen sind wir nicht mit den richtigen Apparaten ausgerüstet. Daher ist es ebensogut, auf große Zusammenhänge einfach zu pfeifen. Wir leben in dem kleinen Leben, in der kleinen Welt. An die werden wir uns halten, und die werden wir pflegen und aus ihr das Beste machen. Plötzlich schlägt der Tod zu, plötzlich öffnet sich der Abgrund, plötzlich tobt der Sturm, die Katastrophe ist über uns, all das WISSEN wir. Aber an diese unangenehmen Dinge wollen wir nicht denken. Wir lieben das Faßbare, wir Ekdahls mögen unsere Ausflüchte. Beraube einen Menschen seiner Ausflüchte, und er wird wahnsinnig und fängt an, um sich zu schlagen.
*Lacht.*
Menschen müssen begreiflich sein, zum Teufel, sonst wagt man sie weder zu lieben noch schlecht über sie zu reden. Die Welt und die Wirklichkeit müssen faßbar sein, damit wir uns mit gutem Gewissen über ihre

Einförmigkeit beklagen können. Liebe, großartige Künstler, Schauspieler und Schauspielerinnen, wir BRAUCHEN euch genauso verdammt notwendig. Ihr seid es, die uns unsere außerweltlichen Schauer geben sollen, noch lieber unsere innerweltlichen Vergnügungen. Die Welt ist eine Räuberhöhle, und es wird dunkel und Nacht. Bald ist es Zeit für Diebe und Mörder. Die Bosheit zerreißt ihre Ketten und geht wie ein verrückter Hund über die Welt. Die Vergiftung trifft uns alle ohne Ausnahme, uns Ekdahls und alle anderen. Niemand geht frei aus, nicht einmal Helena Victoria oder die kleine Aurora dahinten auf Amandas Arm.
*Weint.*
So soll es sein. Darum gibt es Anlaß, glücklich zu sein, wenn man glücklich ist, lieb zu sein, gebefreudig, zärtlich und gut. Darum ist es notwendig und nicht im geringsten eine Schande, sich über DIE KLEINE WELT zu freuen, gutes Essen, mildes Lächeln, blühende Obstbäume, Walzer. Jetzt, meine geliebten Freunde, meine geliebten Brüder und Schwestern, habe ich fertig gesprochen, und ihr könnt es nehmen, für was ihr wollt – für die sentimentalen Ergüsse eines ungebildeten Restaurantdirektors oder das elende Gequatsche eines lallenden alten Mannes. Das ist mir gleichgültig, sei es, wie es wolle. Ich halte eine kleine Kaiserin in meinen Armen. Das ist faßbar und doch unermeßlich. Eines Tages wird sie beweisen, daß ich mich irre, eines Tages wird sie nicht nur über die KLEINE Welt, sondern über – alles herrschen. Alles!

Er hebt Helena Victoria in die Höhe, als wäre sie ein Becher, und küßt sie auf den Bauch.

Gegen zehn Uhr abends klingen die Festlichkeiten allmählich aus und Emilie zieht sich zurück, um ihre Tochter zu stillen. Sie sitzt bequem in einem weichen

Sessel zurückgelehnt und hat die Beine auf einen gepolsterten Hocker gelegt. Sie trägt einen weiten, grünen Morgenmantel. Das Kindermädchen wartet schüchtern in der Tür. Es ist eine bleistiftschmale Zwanzigjährige mit dickem braunen Haar und großen dunklen Augen. Sie heißt Rosa.

Emilie hebt Aurora gegen die Schulter und klopft ihr leicht den Po.

EMILIE Bei dieser Mahlzeit schläft sie immer ein.
*Plappert mit der Tochter.*
So ja, mein Kleinchen! Sei ein tüchtiges Mädchen, damit Mama sich schlafen legen kann. Ich möchte gern wissen, ob du wirklich noch nicht fertig gegessen hast.
ROSA Ich werde sie nehmen.
EMILIE Danke, Rosa!
ROSA Gute Nacht, Frau Ekdahl.
EMILIE Gute Nacht, Rosa. Wie gefällt es dir hier?
ROSA Mir ist es in meinem ganzen Leben noch nie so gut gegangen. Alle sind so lieb zu mir. Besonders der Direktor ist nett. Er muß ein richtiger Menschenfreund sein, der Herr Direktor.
EMILIE Er ist ganz sicher ein Menschenfreund und besonders freundlich zu jungen Mädchen, du solltest also ein bißchen aufpassen, Rosa.
ROSA *doppeldeutig.*
Du lieber Himmel!
EMILIE Gute Nacht, Rosa!

Emilie geht zu den Kindern, um Gute Nacht zu sagen. Sie geht durch die Wohnung, genießt das Abendlicht und die Stille. Im Salon sitzt Gustav Adolf, er hält einen Grog in der Hand und ist ziemlich betrunken.

EMILIE Willst du nicht schlafen gehen?

GUSTAV ADOLF Hahahaha!
EMILIE Mach die Lampe aus, wenn du gehst.
GUSTAV ADOLF *macht eine Ehrenbezeugung.*
Zu Befehl, Herr Oberst. Hahahahaha!

Im Kinderzimmer herrscht eine rätselhafte Tätigkeit. Die Rollgardinen sind heruntergezogen, auf dem Fußboden sind Wolldecken ausgebreitet, vor den Wolldecken brennen einige Stearinkerzen, an den Seiten stehen Schirme. Amanda schreitet durch den Raum, sie hat sich über das Nachthemd ein Laken angezogen. Fanny und Jenny hokken auf zwei Stühlen und halten einander bei den Händen. Alexander liegt mit einem Taschentuch über dem Gesicht ausgestreckt auf dem Fußboden.

FANNY Sei gegrüßt, großmächtiger König. Kaiser über alle Welt.
*Verbeugt sich vor Amanda.*
JENNY *zirpt.*
Findest du nicht, daß er ziemlich blaß wirkt?
FANNY Er wirkt fast durchsichtig.
JENNY Wenn ich meine Meinung sagen darf, er sieht richtig langweilig aus. Und wie er riecht.
ALEXANDER *unter dem Taschentuch.*
Ich sterbe.
FANNY Jetzt sehe ich seine leeren Augenhöhlen. Huu!
JENNY *zirpt.*
Und ganz bestimmt hat er nur Stroh im Kopf! Huu!

Emilie betrachtet heimlich das schreckliche Schauspiel. Amanda hält in der Bewegung inne, und ohne an Würde zu verlieren, wendet sie sich der Mutter zu und erklärt, sie probten ein Stück, das Alexander geschrieben habe, und daß sie nicht gestört werden wollten.

EMILIE Paßt nur auf die Kerzen auf und macht nicht zu lange.

Sie macht vorsichtig die Tür zu und hört jetzt schreckliche gurgelnde Laute des Sterbenden und erschreckte Schreie der Lebenden.

Der Tod hat im Kinderzimmer Gestalt angenommen.

Emilie geht wieder durch das Eßzimmer. Alma hat gerade Gustav Adolf aus seinem Stuhl gescheucht; sie streiten freundlich miteinander. Der Restaurantdirektor versichert, er sei vollkommen nüchtern, und Alma bezweifelt seine Aussage. Er will sich nicht schlafen legen, ist der Meinung, daß man den festlichen Tag mit einer Flasche Champagner abschließen dürfe. Alma versichert, kein Mensch habe um diese späte Stunde Lust, Champagner zu trinken, daß er aber ein Schinkenbrot und ein Glas Bier kriegen könne, wenn er mit ihr nach unten in ihre eigene Wohnung käme.

GUSTAV ADOLF Emilie will ganz bestimmt ein Glas Champagner trinken, und dann werden wir ein Prost auf unsere Töchter ausbringen.

EMILIE Geh jetzt schlafen, Gusten.

GUSTAV ADOLF Ich bin so verdammt glücklich.

ALMA Das ist ja auch gut, Gusten, aber morgen ist auch noch ein Tag. Und dann hast du Kopfschmerzen.

GUSTAV ADOLF Jetzt sind wir wieder zusammen.

EMILIE *zu Alma.*
Ich fahre morgen aufs Land, um mit den Handwerkern zu sprechen. Soll ich für dich irgendwas erledigen? Ich bleibe bis Donnerstag.

ALMA Dann versuche ich am Dienstag rauszukommen.

GUSTAV ADOLF Findest du nicht, daß ich die beste Frau der Welt habe?

EMILIE Sie ist viel besser, als du es verdienst.

GUSTAV ADOLF Und die reizendste Geliebte der Welt. Eine richtige Zuckerschnute.

ALMA Fährst du morgen früh schon weg?

EMILIE Nicht vor zwei.
ALMA Gute Nacht, Emilie. *Kuß.*
EMILIE Gute Nacht, Alma. *Kuß.*
GUSTAV ADOLF Wenn ich dich sehe, möchte ich vor Freude nur noch weinen. Mein Gott, daß du wieder bei uns bist.
EMILIE Gute Nacht, Gusten, sei jetzt ein lieber Junge und denk daran, daß Alma schlafen muß.
GUSTAV ADOLF Ich weiß sehr gut, was Alma braucht.

Lachend und lärmend verschwinden sie auf der Treppe, es hallt und dröhnt. Emilie läßt die Flurtür offenstehen, um den Raum vom Zigarrengeruch Gustav Adolfs zu lüften. Als sie wieder ins Schlafzimmer zurückkommt, entdeckt sie, daß sie Besuch hat. Es sind Petra und Maj, die dort sitzen und ernst und gespannt auf sie warten.

PETRA Wir möchten nach Stockholm ziehen.
MAJ Eine Freundin von Petra –
PETRA Du weißt, Marianne Egerman.
MAJ – will einen Modeladen aufmachen –
PETRA Und sie will, daß wir hinkommen und ihr dabei helfen.
MAJ – und das möchten wir so gern –
PETRA – schrecklich gern sogar –
MAJ – aber wir haben ein Problem –
PETRA – Papa wollte Maj doch diese Konditorei kaufen –
MAJ Er ist so lieb.
*Fängt an zu weinen.*
PETRA Maj hält Papas Bevormundungen nicht mehr aus.
MAJ Er ist so lieb, es ist hoffnungslos.
PETRA Maj will ihr eigenes Leben leben und über sich und ihr Kind selbst bestimmen.
MAJ Ich weiß nicht, was ich anfangen soll.
PETRA Wir haben mit Großmutter gesprochen, und sie ist mit uns einer Meinung.

MAJ – mit Alma haben wir auch gesprochen.

PETRA Sie hat sich zuerst furchtbar aufgeregt und gesagt, wir könnten Papa so nicht behandeln.

MAJ – dann beruhigte sie sich und sagte, das Leben muß seinen Lauf nehmen und seine Kinder dürfe man nicht zwingen.

PETRA – obwohl sie Papas wegen schrecklich traurig war. Du mußt in erster Linie an dich selbst denken. Papa ist doch in Wahrheit ein alter Knacker, nicht wahr, Tante Emilie?

EMILIE Geht jetzt schlafen, ich werde mit Großmutter reden.

Die Mädchen entfernen sich flüsternd. Petra zärtlich, tröstend, Maj weinend; sie legt den roten Lockenkopf an Petras füllige Brüste. Vor den Fenstern ist es noch immer hell, und eine Amsel übt eine Arie. Emilie hat vor, die Rollgardine herunterzuziehen, um schließlich Nacht zu machen, bleibt aber mit Blick auf den blassen Nachthimmel stehen und faltet die Hände über dem Bauch. »So ist es«, sagt sie laut zu sich selbst, »so ist es.«

EMILIE Armer Gustav Adolf. Armer dicker Dummkopf. Aber ist es seine Schuld, ist es wirklich seine eigene Schuld? Muß irgendein Mensch sich selbst die Schuld geben, oder haben alle einfach selbst schuld?
*Lacht traurig.*
Es ist ein Mai-Abend, und ich gehe hier allein rum und halte Selbstgespräche und werde nächste Woche einundvierzig. Als Mutter vierzig war, hatte sie weiße Haare und einen chronischen Schnupfen. So ist es. In der Mitte des Lebens ist man schon am Schluß.

Sie macht eine verärgerte Grimasse zum Spiegel hin, die sie selbst ganz gelungen findet, und fühlt sich dabei in ihrem Entschluß bestärkt, zum Theater zurückzugehen.

Sie sucht in ihrem kleinen Sekretär, findet das Buch mit roten Buchdeckeln und Goldschnitt, hüllt sich in den Morgenmantel, legt sich einen Schal um die Schultern und begibt sich durch die Tapetentür des Eßzimmers in die Wohnung Helenas.

EMILIE Ich will mit dir beratschlagen.

HELENA Ist es was Ernstes? Oh, ich weiß. Die Mädchen wollen nach Stockholm. Was meinst du dazu?

EMILIE Das brauchst du nicht zu fragen.

HELENA Obwohl ich im Augenblick nicht gerade in Geld wate (denn das hat uns in diesem Winter das verflixte Theater gekostet), obwohl ich es also, wie gesagt, im Moment nicht sehr dicke habe (Carl und Lydia haben mich bis aufs Hemd ausgezogen, er sagt immerzu, er will sich das Leben nehmen, ich bin ja seine Mutter, mein Gott, was soll ich tun), also und in aller Kürze, ich bin nicht bei Kasse, aber ich habe den Mädchen versprochen, ihren Lebensunterhalt während des ersten Jahres zu bezahlen, nicht fürstlich, aber ordentlich. Sie müssen sich wirklich eine neue Garderobe nähen, sie sehen aus wie richtige kleine Provinzrosen, schrecklich süß, aber nicht besonders gut angezogen.

EMILIE Aber Maj macht sich wegen Gustav Adolf Sorgen.

HELENA Also, so was habe ich noch nie gehört! Mein Herr Sohn hat wirklich vom Guten des Lebens für sich genommen, was er wollte, und muß endlich einsehen, daß er die Blüte seiner Jahre überschritten hat.

EMILIE Da ist noch etwas.

HELENA Natürlich, du hast vollkommen recht. Oscar hat dich auf dem Totenbett gebeten, das Theater zu übernehmen. Ich war selbst dabei, ich erinnere mich sehr gut daran.

EMILIE Gustav Adolf wird das schrecklich verletzen.

HELENA Ich verstehe diese zartfühlende Rücksichtnahme

auf Gustav Adolf nicht. Er hat das Theater seit deiner Heirat regiert und es in Grund und Boden regiert. Gusten versteht sich zwar auf Geschäfte, aber aus Kunst ist er niemals schlau geworden. Es ist dein Theater, meine liebe Emilie, und es ist an der Zeit, daß wir unserem lieben Kleinstadt-Napoleon klarmachen, daß er jetzt vor seinem Waterloo steht.

EMILIE Dann ist da noch das Problem mit Amanda.

HELENA Was für ein Problem?

EMILIE Sie will nicht mehr im Opernballett anfangen. Sie will hierbleiben und das Abitur machen.

HELENA Ach so. Jaha!

EMILIE Dir hat sie nichts gesagt?

HELENA Nein.

EMILIE Sie will Ärztin werden, verstehst du.

HELENA Willst du nicht trotz allem einen kleinen Likör?

EMILIE Nur einen Tropfen.

HELENA Aha. Die kleine Amanda Ekdahl. Will Ärztin werden!

EMILIE Du findest, wir sollten ihre Pläne unterstützen?

HELENA Dieses magere kleine Gör. *Lacht.* Ja.

EMILIE Ich war mir nicht sicher, darum wollte ich dich um Rat fragen.

HELENA Du? Unsicher?

EMILIE Es ist ein bißchen ungewohnt zu bestimmen.

HELENA Hör mal, Emilie.

EMILIE Ja.

HELENA Du kennst doch den Universitätsrektor, nicht wahr?

EMILIE Du meinst Essias Ekberg. Er ist ein sehr freundlicher und theaterinteressierter Mann.

HELENA Könntest du nicht mit ihm sprechen.

EMILIE Glaubst du nicht, daß Carl seinen Forschungsbeitrag bekommt?

HELENA Ich glaube schon, aber man kann nie sicher sein.

EMILIE Essias kommt nächste Woche her. Ich werde ihn zum Essen einladen.

HELENA Alle Häuser auf Eknäset müssen repariert werden. Da herrscht der reine Verfall. Seit Oscars Tod ist da nichts mehr gepflegt worden. Im Sommer war immer wieder plötzlich kein Wasser da.

EMILIE Ich fahre morgen raus.
*Zeigt das Buch mit den roten Einbanddecken.*
Ich würde mir wünschen, daß du ein neues Theaterstück von August Strindberg liest.

HELENA Dieser schweinische Frauenhasser.

EMILIE Ich leg dir das Buch hierher.

HELENA Du hast einen Plan?

EMILIE Ich hab mir gedacht, daß wir beide spielen.

HELENA Nie im Leben. Ich habe seit x Jahren nicht mehr auf der Bühne gestanden.

EMILIE Um so mehr Grund hast du, es jetzt zu tun, Helena.

HELENA Meinst du?

EMILIE Wir müssen auf unser Theater aufpassen.

HELENA *seufzt.* Ja, ja.

EMILIE Jetzt ist es wohl Zeit, schlafen zu gehen. Gute Nacht, meine Liebe.

HELENA Gute Nacht, mein kleines Mädchen.

Sie küssen sich. Emilie geht. Helena bleibt noch eine Weile sitzen und sieht aus dem Fenster, dann streckt sie sich nach der Brille, blättert in dem Buch, gähnt, fängt an, auf der ersten Seite zu lesen.

HELENA *liest.*
– alles kann geschehen, alles ist möglich und wahrscheinlich. Zeit und Raum existieren nicht. Auf einem unbedeutenden Grund der Wirklichkeit spinnt die Einbildung weiter und webt neue Muster. –

FÅRÖ, Sonntag, den 8. Juli 1979

Knaur®

# Große Unterhaltungsromane

**Buck, Pearl S.:**
**Die Frauen des Hauses K**
128 S. Band 676

**Buck, Pearl S.:**
**Fremd im fernen Land**
224 S. Band 1065

**Buck, Pearl S.:**
**Geschöpfe Gottes**
216 S. Band 1033

**Buck, Pearl S.:**
**Das Mädchen von Kwangtung**
160 S. Band 812

**Buck, Pearl S.:**
**Die verborgene Blume**
224 S. Band 1048

**Michener, James A.:**
**Die Bucht**
928 S. Band 1027

**DuMaurier, Daphne:**
**Rebecca**
397 S. Band 1006

**DuMaurier, Daphne:**
**Die Parasiten**
320 S. Band 1035

**DuMaurier, Daphne:**
**Träum erst, wenn es dunkel wird**
144 S. Band 1070

**Palmer, Lilli:**
**Umarmen hat seine Zeit**
304 S. Band 789

**Paretti, Sandra:**
**Der Wunschbaum**
288 S. Band 519

**Paretti, Sandra:**
**Maria Canossa**
256 S. Band 1047

## Frauen & Literatur

**Knaur**
**Taschenbücher**

Band 8013
288 Seiten
ISBN 3-426-08013-3

Ein »ganz normales« Mittelschichtspaar im verflixten siebten Ehejahr: Richard, ein aufstrebender Jungmanager, und Liffey, die vom Landleben träumt. Als die Jungehefrau endlich in ihrem Haus auf dem Lande sitzt, ist's mit der bisherigen trauten Zweisamkeit vorbei. Liffey wird schwanger dank der magischen Mutter Natur, und Richard beglückt als Werktags-Strohwitwer nicht nur seine Sekretärin. Für die Dauer einer Schwangerschaft spitzt sich die Ehekrise zu. Bei der Entbindung treibt Liffey mit der Plazenta auch die Konflikte aus.

# Werner Herzog

**Wo die grünen Ameisen träumen**
Filmerzählung
1984. 112 Seiten. Broschur

**Fitzcarraldo**
Erzählung
1982. 168 Seiten. Broschur

**Vom Gehen im Eis**
München – Paris 23. 11. bis 14. 12. 1974
1978. 104 Seiten. Broschur

**Drehbücher I:**
Lebenszeichen
Auch Zwerge haben klein angefangen
Fata Morgana
1979. 204 Seiten. Gebunden

**Drehbücher II:**
Aguirre, Der Zorn Gottes
Jeder für sich und Gott gegen alle
Land des Schweigens und der Dunkelheit
1979. 216 Seiten. Gebunden

**Stroszek, Nosferatu**
Zwei Filmerzählungen
1979. 168 Seiten. Broschur

**Werner Herzog / Herbert Achternbusch**
**Heart of Glass**
1979. 204 Seiten. 36 Abbildungen. Gebunden

**Reihe Film 22:**
**Werner Herzog**
1979. 196 Seiten. 88 Abbildungen. Broschur

**bei Hanser**